AF347294

LOS ENTRAMADOS
DE LA GOBERNANZA

*Un ensayo sobre política, innovación
y su impacto económico-social*

LOS ENTRAMADOS DE LA GOBERNANZA

Un ensayo sobre política, innovación y su impacto económico-social

Rodrigo Ramos-Enríquez

FONDO EDITORIAL
UNIVERSITARIO

© D.R. 2018 Fondo Editorial Universitario
Carrer La Murta 9-18
07820 San Antonio de Portmany
Ibiza, España

ISBN: 978-84-17290-91-7

A mis padres, por enseñarme a afrontar
la adversidad con resiliencia y la dicha
con generosidad. Al equipo con el que
he construido tanto, por enseñarme la
fuerza de los anhelos compartidos y a los
jóvenes, por enseñarle al mundo que esta
generación seguirá dirigiendo el rumbo
lejos de las profecías de desesperanza.

Contenido

Prólogo

No resulta en absoluto exagerado afirmar que los ciudadanos y líderes de hoy habitan un mundo sumamente interconectado y a la vez polarizado. La globalización, que pretende expandir la influencia de las empresas y organizaciones a nivel mundial, vincula cada vez más a personas de distintos continentes con una velocidad nunca antes vista. Las empresas monopolizan el orbe, creando tendencias internacionales y comercializando ciertas marcas. Muchas organizaciones han dejado de enfocarse en temas locales con el afán de abordar problemáticas globales. Las plataformas en redes sociales nos permiten mantener contacto permanente con amigos y seres queridos pese a las distancias y los husos horarios. Pero en muchos sentidos somos también víctimas de la globalización, sobre todo por nuestra creencia equivocada de que estamos totalmente unidos en un entorno con divisiones evidentes. Las redes sociales ofrecen un ejemplo flagrante, ya que en estas muchos caen víctimas de la idea de que la comunidad se desarrolla de la misma manera que nuestro propio circulo social. La verdad es que construimos nuestro mundo en torno a los que piensan como nosotros, y no suele extenderse mucho más allá de nuestro subconjunto de amigos. A pesar de los avances tecnológicos en materia de comunicación, todo indica que en lo social, lo político y hasta en lo económico estamos más divididos que nunca.

En este ensayo se identifican y analizan las ventajas y desventajas de una economía mundial en acelerado movimiento. Se discuten las últimas tendencias políticas y económicas, y la manera en que afectan a todas las personas desde el nivel macro hasta el ámbito preponderantemente local. De manera particular, este ensayo se enfoca en el concepto de la globalización, el capitalismo y sus efectos en la fuerza laboral, la economía y la política. Se abordan temas como el sentido engañoso de seguridad que nos dan las mentalidades nacionalistas o capitalistas. Por otro lado se examinan las distribuciones desiguales del trabajo así como las divisiones aun mayores entre la clase alta y baja. Se analiza la política neoliberal y su impacto en el mundo en general. Y lo que es quizá lo más importante, este texto pone a México en diálogo con otras potencias del mundo. Se proponen ideas para fomentar la unidad en el planeta, entre ellas la pluralidad cultural, los avances tecnológicos y el poder de convocatoria de las metas moralmente conscientes.

Lo más trascendente de esta obra es que se explora en detalle el papel de la juventud global, la próxima generación de ciudadanos del mundo. Generación que ocupa un lugar interesante al encontrarse navegando los desplazamientos abruptos en los ámbitos políticos y económicos. Ramos-Enríquez insiste en la importancia de abandonar lo que él llama los "fanatismos ideológicos" que ocultan a los ojos de los adeptos las deficiencias de los paradigmas políticos propios. Insta a esta generación a mantener la moral, la consciencia ética, y los valores por encima de las bogas políticas, las protestas sensacionalistas, y las falsas banderas de razonamiento. Me da un enorme gusto recomendar este ensayo a los lectores en general.

Stephanie Marie Johnson
Harvard College, 2018

Prologue

I t is by no stretch of the imagination unrealistic to argue that the citizens and citizen leaders of today live in a very interconnected yet polarized world. Globalization, which aims to expand international influence of businesses and organizations worldwide, links more people inter-continentally faster than ever before. Businesses monopolize the globe, creating international trends and marketing certain labels. Many organizations have moved from local issues to tackling global concerns. Social media platforms allow us to remain in constant contact with friends and loved ones despite distance or time zones. But in many ways, we are also victims to globalization, particularly in our false belief that we are completely united in an otherwise divise environment. Social media is a blatant example. On social media, many fall prey to the idea that the community expands larger than one's own social circle. In reality, we construct our worlds to include those of a similar mindset, and often do not reach larger than our subset of friends. Despite the technological advancements in communication, it often still seems that socially, politically and even economically, people are more divided than ever before.

This essay identifies and analyzes the advantages and disadvantages of the rapidly changing global economy. It discusses evolving political and economic trends, and how they affect all peoples on the macro-scale down to the most local level. In particular, this essay focuses on the concept of globalization and capitalism and their effects on labor, economics and politics. It engages themes such as the false sense of security provided by nationalist and capitalist mindsets, or examines the unequal distributions of labor and the larger divisions between the upper and lower classes. It also examines neoliberalist politics and its effect on the world at large. Perhaps most importantly, this text puts Mexico in conversation with other major world powers. The work proposes various ideas for how to better unify the globe, discussing aspects like cultural plurality, the advancement of technology, and uniting around morally conscious goals.

Perhaps most importantly, this essay explores in detail the role of the global youth and the next generation of world citizens. This generation holds an interesting place in navigating the somewhat unsteady political and economic shifts. Ramos-Enriquez argues the importance of abandoning what he calls "ideological fanaticisms", which prevent those from seeing the shortcomings in their own political paradigms. It urges this generation to uphold morality, ethical consciousness, and values over political buzzwords, sensationalist protests and "false flag" reasoning. It is with great pleasure that I recommend this essay to all readers.

Stephanie Marie Johnson
Harvard College, 2018

Prefacio

El presente ensayo tiene como objetivo la divulgación de un análisis reflexivo a título personal sobre las limitaciones y debilidades existentes en los conceptos ideológicos tradicionales. Busca dirigirse al público joven desde una perspectiva fresca y poner sobre la mesa de discusión algunos puntos de vista que son contradictorios desde la vision de las nuevas generaciones. Por ende, esta obra plantea los nuevos retos de la innovación política desde la perspectiva evolutiva de los modelos ideológicos que han prevalecido en la historia de la ciencia política, con diferentes resultados, y no pretende ser un tratado académico de corte ideológico, sino fomentar la discusión y el pensamiento crítico. Analiza con una visión contemporánea los elementos de estas ideologías y el impacto que estas han generado en las condiciones sociales y económicas en el contexto global. Explica que los proyectos políticos no pueden seguir sustentándose en esquemas teóricos tradicionales, ya que éstos se han visto rebasados por la pertinencia del pragmatismo, la transferencia del conocimiento a la toma de decisiones y la transversalidad, que crean un efecto más eficiente a corto plazo en las condiciones emergentes de la sociedad y la forma de hacer política.

Para ello se identifican y se discuten una serie de variables sociales, políticas y tecnológicas en busca de brindar un análisis de la visión global de los cambios conceptuales de la política. Esta globalización incluye diferentes factores, como la economía del conocimiento, la obsolescencia programada, la disrupción tecnológica y los procesos de privatización o de nacionalización.

A su vez se consideran otras variables propias de los enclaves económicos que tienen una clara reciprocidad con las decisiones políticas en corto y largo plazo, analizando problemáticas que han sido emblemáticas en diferentes sociedades y países como evidencias de su conceptualización real e histórica. Tales son los casos del rol del salario, la descentralización, la regulación fiscal y la participación de redes multilaterales y cómo inciden en el fenómeno social a partir de las disposiciones de la gobernanza.

Finalmente se plantea la tesis del factor humano y particularmente de los jóvenes, como actores sociales de las nuevas formas del quehacer político. No sólo en una perspectiva fresca que considera los aspectos globales de un mundo cambiante, sino que anota la visión pragmática propuesta en la educación: *"Pensar globalmente, actuar localmente"*.

De esta forma se busca rescatar y dignificar la perspectiva transformadora de la política bajo nuevos liderazgos, que generen confianza y empatía en la sociedad, y que utilicen todos los recursos tecnológicos y de capital humano para enaltecer las tareas fundamentales al transformar el presente e inventar un futuro lejos de las inercias y las profecías de desesperanza.

Rodrigo Ramos-Enríquez
Guadalajara, México

Preface

The objective of this essay is the divulgation of a reflexive and personal analysis about the limitations and weaknesses present in the existing traditional ideological concepts. It is addressed to a young audience from a fresh perspective that seeks to put on the discussion table some points of view that look contradictory from the new generation vision. Therefore this work sets out the latest challenges of political innovation from an evolutionary perspective, looking at the ideological models that have prevailed throughout the history of political science and led to different outcomes and it does not pretend to be an academic or ideological treatise, but to foment the discussion and critical thought. It takes a contemporary approach to analyzing the elements of these ideologies and their impact on the social and economic conditions of the global context. It explains why political projects cannot keep propping themselves up with traditional theoretical frameworks, which have been left behind by the relevance of pragmatism, the transfer of knowledge to decision-making, and transversality, which has a short-term impact on a society's emerging conditions and its way of engaging in politics.

For this, a series of social, political and technological variables are identified in an attempt to gain insight into the global vision of the conceptual changes taking place in politics. This globalization includes different factors such as the knowledge economy, planned obsolescence, technological disruption, and privatization or nationalization processes.

Other factors are also examined, aspects of the economic enclaves that have evident reciprocity with short- and long-term political decisions. An analysis is made of issues that have been emblematic in different societies and countries, as evidence of their actual historical conceptualization; examples include the role of salaries, decentralization, tax regulation and participation in multilateral networks, and the way they affect social phenomena through the provisions of governance.

Finally, the essay proposes the thesis of the human factor, with a special focus on young people as essential actors in the new forms of political engagement, offering not only a fresh perspective that considers the global aspects of a changing world, but also identifies with the pragmatic vision proposed in education of *"Thinking globally, acting locally."*

In this way, the hope is to recover and dignify the transforming perspective of politics under new leaderships that will garner trust and empathy in society and make innovative use of all kinds of technological and human capital resources for the purpose of giving priority to fundamental tasks, transforming the present and inventing a future that will turn away from the inertia and prophesies of despair.

Rodrigo Ramos-Enríquez
Guadalajara, Mexico.

Capítulo I
Ideología obsoleta

*Si hubiera una única verdad, no sería posible pintar
cientos de cuadros sobre el mismo tema.*

Pablo Picasso

A lo largo de la historia han existido distintas formas en las que los seres humanos se organizan y cooperan, dichas formas se han ido transformando hasta constituir el Estado que hoy conocemos. En la búsqueda para organizar mejor una sociedad cambiante, las izquierdas y las derechas ideológicas se han hecho presentes mediante modelos económicos que declaran tener la llave para abrir la puerta hacia la utopía. Han surgido gigantes rojos que cierran sus fronteras al mundo prometiendo equidad e igualdad; así como imperios neoliberales que fomentan la desigualdad y promueven la riqueza para unos cuantos. Sin embargo, no hemos comprendido que la respuesta para construir un mundo más libre, equitativo y justo trasciende estos esquemas.

En la actualidad vivimos en un mundo conectado, donde los avances tecnológicos, los gobiernos que saben ser eficaces y los mercados internacionales han prevalecido con el pasar del tiempo. Algunas personas ven en la economía neoliberal la respuesta para resolver grandes problemáticas coyunturales; otras identifican en las ideas de izquierda la clave para combatir la desigualdad. La realidad es que muchas de estas concepciones surgieron hace bastante tiempo y las medidas categóricas y contrastantes que proponen no responden a las necesidades actuales de la sociedad, por lo tanto es necesario que el ser humano no sólo se encamine rumbo a la evolución tecnológica y social, sino también a la ideológica.

Durante años hemos estado sujetos a posturas políticas dicotómicas que plantean maneras de abordar los problemas públicos desde la derecha o la izquierda de manera poco eficiente. De este modo se frena la capacidad del Estado al tener que sujetarse a las premisas de una u otra ideología y los contrapesos en el ejercicio de poder, para evitar caer en contradicciones dictadas más por el miedo a la incongruencia de pensamiento que por razones prácticas.

Hoy en día nuestro planeta enfrenta problemas específicos que necesitan ser atendidos con estrategias de eficiencia probada. Los grandes avances en distintos rubros nos han permitido tener sobresalientes logros pero también han causado daños. Para romper las cadenas que nos someten a los geometrismos políticos de izquierda o derecha, primero tendremos que cuestionarlos de manera crítica, analizar las coyunturas actuales en nuestra sociedad y proponer ideas que abonen a su mejoramiento (Gift, 2015; Rivera, 2011; Vidal, 2011; Boscán, 2010; Zamitis, 2016).

El capitalismo y la globalización

Analizando el lado negativo de la globalización podemos darnos cuenta de que aunque ésta ha promovido la interconectividad entre los distintos países del mundo, también ha aumentado la brecha de desigualdad entre los más ricos y los más pobres. La brecha de desigualdad conduce a otras brechas que afectan la condición y la convivencia humana en términos de equidad. La brecha educativa, brecha en la salud, brecha alimentaria, brecha en los derechos fundamentales, brecha digital, brecha cognitiva, entre otras.

Muchos gobiernos se enorgullecen por la creación de nuevos empleos mediante inversiones extranjeras o nacionales durante su administración, pero si estas fuentes de trabajo no garantizan un sueldo suficiente para sobrellevar una vida con dignidad y sin carencias, entonces son oportunidades a medias. La globalización sin las regulaciones adecuadas puede ser peligrosa para el obrero, el empleado o el trabajador que busca una oportunidad laboral y mejorar su estatus económico. En un mundo donde las grandes industrias buscan reducir sus costos de operación cada vez más, las prestaciones y los ingresos de los trabajadores no tienen un futuro muy prometedor.

En la actualidad la globalización ha producido que la clase alta y la clase baja se hayan polarizado aun más. Este problema de distribución de la riqueza trae consigo un nivel de desigualdad que frena el desarrollo de países con muchos retos por delante. En México, por ejemplo, la falta de oportunidades justas, la corrupción y la poca presencia de políticas públicas adecuadas en materia de infraestructura con beneficio social horizontal, se han convertido en los elementos determinantes que impiden que el nivel de desarrollo se equipare a los números favorables del producto interno bruto (PIB). Tomando en cuenta que el crecimiento de estos dos aspectos debe ser equilibrado, el que no se resuelvan los temas de fondo necesarios para impulsar el nivel de desarrollo, es un indicador que pone en evidencia la falta de liderazgo en este sector.

Al analizar la globalización, se puede entender cuáles son sus beneficios pero también sus graves aspectos negativos, iniciaremos con los primeros. En primer lugar, la globalización ha sido benéfica por la conveniencia y facilidad que brinda para conseguir mercancía, material o tecnología proveniente de cualquier lugar del mundo de una manera rápida y efectiva (T. Gift, comunicación personal, verano de 2017), por lo tanto, en un mundo completamente interconectado las fronteras no serían un gran obstáculo para compartir productos o avances entre distintas naciones.

En segundo lugar, la globalización también representa modernidad, los grandes adelantos en ciencia y tecnología están cada vez más presentes en distintas partes del planeta (T. Gift, comunicación personal, verano de 2017), esto abre la oportunidad para que los países en vías de desarrollo puedan adoptar medidas tecnológicas de otros más desarrollados y de esta manera resolver problemas a los que tal vez aún no encuentran solución. De igual forma, el compartir avances tecnológicos entre distintas naciones crea la oportunidad de equilibrar su estatus en cuanto a los posibles rezagos tecnológicos.

En tercer lugar se encuentra el nivel de desarrollo. Las características antes mencionadas de la globalización facilitan el desarrollo de las soberanías y con esto me refiero a la capacidad de mejorar las oportunidades, los estándares de vida y el acceso a productos y servicios que antes sólo eran poseídos por las élites (T. Gift, comunicación personal, verano de 2017). Por último, la globalización también ha ayudado a promover la democracia y la libertad en países donde su presencia era inestable.

En cuanto a los defectos de la globalización, éstos se han hecho evidentes con pruebas poco refutables; este fenómeno sin duda ha aumentado el abuso que viven los trabajadores por parte de las grandes corporaciones al mudar la producción de estas empresas a países donde las legislaciones laborales no son tan estrictas y la mano de obra no tan costosa; estos imperios corporativos han exprimido hasta el último beneficio que han podido del obrero promedio, dándole sólo lo suficiente para seguir viviendo y trabajando, como si esto fuese lo único que importase; estos niveles de explotación en determinados casos han rebasado al ordenamiento jurídico de algunos países y los abusos llegan a darse sin ningún reproche por parte de la ley. En lugares donde las oportunidades laborales son pocas, las únicas que existen se aceptan debido a la extrema necesidad de las personas, lo cual genera que los trabajadores no tengan poder para renunciar a estos empleos pues los necesitan para sobrevivir, esto ha hecho que la depresión o hasta el suicidio estén presentes en este tipo de compañías.

Con el pasar de los años y la falta de conciencia por parte de las autoridades para atender los casos de explotación, la globalización no sólo ha permitido que aumenten los abusos, sino que también ha sido un catalizador de la injusticia en muchos países al darles mayor poder de decisión a las naciones ricas. Los modelos económicos que permiten lo anterior han fomentado un aumento considerable en la brecha de desigualdad, reduciendo cada vez más el sector de la población considerado como clase media (Gift y Wibbels, 2014).

En el mismo sentido, no sólo se ve afectado el equilibrio de la riqueza sino que también ha disminuido el factor humano en los procesos de producción: los productos que consumimos son cada vez menos manipulados por el hombre y más bien creados mediante procedimientos automatizados basados en la conveniencia y la eficacia, dos piedras angulares de nuestra sociedad actual, donde la mayoría de las personas tienen una vida cotidiana agitada y necesitan las cosas con rapidez. Esta creciente tendencia puede crear importantes retrocesos en la humanización de los productos o servicios y basarlos sólo en el cumplimiento de un objetivo en concreto: la sistematización. Este fenómeno, llamado mcdonaldización (Ritzer, 1993), deja muy clara la necesidad de combatir la pérdida del sentido humano en nuestras prácticas, ya que ello también constituye una forma de opresión impulsada por medio de la racionalización.

Por último, la globalización también crea incertidumbre ya que tener a una cantidad inmensa de actores influyendo en la actividad económica de distintos países hace que los límites del mercado sean incalculables: tecnologías que son útiles en un país pueden ser reemplazadas en menos de un mes, cambiando todo un orden de producción o dejando en la bancarrota a otras industrias; la caída de productos extranjeros puede tener impactos en economías locales, así como también el éxito de industrias foráneas puede mermar una producción nacional. Por lo tanto, este nivel de competencia desmedida hasta cierto punto deja de ser un impulsor para crear cada vez más y mejores productos; en cambio, se transforma en una guerra en la que el pez pequeño es comido por otro pez más grande, en un círculo vicioso que se acelera y no se detiene, lo que representa una incertidumbre global que puede llegar a vulnerar la estabilidad económica de algunos países.

El capitalismo al interior de las naciones

En el ámbito nacional el capitalismo ha buscado distintas maneras de legitimarse, lo que ha llevado a los gobiernos que lo respaldan a modificar los indicadores de pobreza y medir la economía o sus avances de maneras muy subjetivas que no garantizan realmente una buena salud en las finanzas de la población en general. Hay países que parecen gozar de estabilidad y buen crecimiento económico, pero si dichos logros no se ven reflejados en los bolsillos de todos los ciudadanos sin distinción de clases, entonces serán triunfos parciales; los monopolios, las empresas transnacionales y los corporativos tal vez exhiban excelentes resultados financieros por los acuerdos gubernamentales o incentivos fiscales que puedan recibir del gobierno, pero la familia promedio de clase media y baja sigue sufriendo problemas económicos.

Los nuevos avances del capitalismo en la automatización de procesos de producción y la falta de inteligencia social y gubernamental para adaptarse a estos movimientos también han comenzado a afectar negativamente a la clase media, pues algunos trabajos rutinarios o empleos que solían realizar varias personas ahora son elaborados por *software* y maquinaria innovadora. Según un estudio realizado en Europa, si se etiqueta y analiza a los empleos como de paga alta, de paga media y de paga baja, los segundos son los que al disminuir, han afectado el crecimiento de la clase media. Dicha tendencia en incremento, aunada a otras variables, aumenta de manera colateral al sector de la población en pobreza extrema o moderada (Oesch y Rodríguez, 2011) concentrando los empleos principalmente en dos tipos: los de paga alta o de paga baja, por lo que si no se hacen las adecuaciones necesarias pronto y esta tesitura continúa en un mercado tan competitivo, las nuevas generaciones serán de personas o muy adineradas o muy pobres, exacerbando las diferencias sociales y ampliando la brecha por la falta de equidad a extremos riesgosos para la estabilidad social. Si el fomento a nuevas formas de empleo no llega a tiempo, en algún punto los trabajos de paga baja también se irán viendo cada vez más amenazados ya que la evolución tecnológica presentará en el camino nuevos avances que sigan supliendo esos empleos manuales no rutinarios. La clase media debería de ser la más reforzada; sin embargo, en la actualidad es la que poco a poco se ve mas reducida en algunas partes del mundo, ya que no existen los mecanismos necesarios ni las regulaciones adecuadas para fomentar su crecimiento y los monopolios económicos parecen no darse cuenta de la inmensa brecha de desigualdad que están construyendo.

La tendencia capitalista sigue buscando expandirse de manera desesperada; países como Estados Unidos donde los impactos negativos de esta corriente ideológica son individualmente menos notorios a simple vista, buscan fomentar y ampliar el capitalismo a nuevos horizontes desde hace décadas. Como ejemplo; el viejo consenso de Washington, un acuerdo que condicionaba la ayuda económica por parte de Estados Unidos, buscaba otorgar apoyo financiero a los países en vías de desarrollo que estuviesen dispuestos a seguir mecanismos capitalistas y adoptar un modelo democrático de poder, ya que en estos tiempos la democracia se ha convertido en una forma sencilla de legitimar al capitalismo, aunque ambas cosas no vengan implícitas cuando se habla de una o de la otra. El "consenso" representa una serie de problemas prácticos que explican su fracaso.

En primer lugar, es completamente universal, las medidas que establece se aplican a cualquier país que quiera recibir ayuda externa de esta potencia sin importar sus condiciones individuales. Si se entienden las problemáticas tan contrastantes que existen entre los diferentes países en desarrollo, es bastante claro que una medida general no resolverá situaciones específicas. Por lo tanto, se puede decir que es insensible a los intereses locales, no considera el contexto sociocultural regional y es completamente inflexible.

En segundo lugar, este consenso también simboliza el desarrollo de un poder paternalista ejercido hacia las naciones en desarrollo, ya que se les somete a cumplir con las normas establecidas por ese acuerdo para recibir apoyo económico y por lo tanto pueden volverse dependientes. Por último, este esquema representa una medida que fomenta la ya existente explotación, ya que acciones como privatizar o liberalizar sin las regulaciones adecuadas significan la entrada de empresas transnacionales que buscan mano de obra barata y disminuir sus costos de producción al mínimo posible, poniendo en desventaja al trabajador local promedio (Rodrik, 2006). En las naciones que han aceptado el consenso de manera abrupta, se pueden observar grandes rascacielos creados por gigantes corporativos que buscan beneficiarse de los recursos naturales de países más ricos en materia prima y a la vez es común observar personas en situación de calle en los alrededores; un breve recordatorio de las injusticias que están permitiendo. Desde entonces ha operado el mecanismo ampliamente conocido y ahora universal de *"privatizar las ganancias y socializar las pérdidas"*.

Tendencias anti-globalización

Por otro lado, los retrocesos nacionalistas en la globalización también impactan de manera directa y negativa a la economía, además de afectar el liderazgo mundial de algunas naciones; el *Brexit*, la salida de Reino Unido de la Unión Europea, representa uno de los retrocesos más grandes en la historia de la globalización. Durante el referéndum en el que los ciudadanos de dicho Estado decidieron separase de la Unión Europea, la información falsa, las hipérboles y las técnicas de promoción del odio inundaron las calles logrando que se votara por abandonar un bloque estable que permitía el libre paso de mercancías, dinero y personas entre sus fronteras. Los argumentos para desechar este acuerdo eran simples: en primer lugar, los ciudadanos fueron inundados con ideas xenófobas: los migrantes sirios o árabes fueron señalados como una fuente de delincuencia, inseguridad, enfermedades, pérdida de empleos y hasta como una amenaza directa a la cultura, por lo que un gran sector de la población comenzó a desarrollar una fuerte oposición a que su país siguiera permitiendo la entrada indiscriminada de personas a su territorio.[1] En segundo lugar, los partidos

---

[1] Esta tendencia xenofóbica ha desatado en la historia grandes conflictos bélicos. Tal es el caso de la Segunda Guerra Mundial, en donde los preceptos puristas y la legitimación socioeconómica enmarcaron el inicio del conflicto y fue parte del discurso básico para promover la cultura de la expulsión y la eliminación de los "otros" (Kristallnacht, 1938, *La noche de los cristales rotos*, Alemania, 9 de noviembre).
"German mobs' vengeance on Jews", artículo en el periódico *The Daily Telegraph* del 11 de noviembre de 1938, citado en Martin Gilbert, 2006, *Kris-*

políticos que promovían la separación se quejaban de la cifra millonaria que su país pagaba por ser miembro de la UE y llegaron incluso a difundir información falsa elevando esta cifra a un monto fuera de toda realidad, también aseguraban que este dinero podría ser usado para impulsar la educación, el emprendimiento u otros aspectos importantes para los habitantes del Reino Unido. Como factor relevante, hay que tomar en cuenta que en el referéndum una buena parte de los votantes eran de edad avanzada y fueron éstos quienes en su mayoría apoyaron que su país abandone este bloque. Todo lo anterior, combinado con la falta de estrategias exitosas por parte del primer ministro David Cameron para incentivar el voto a favor de permanecer en la UE, resultó en la desconcertante decisión de salida de Reino Unido de la Unión Europea. En consecuencia, los jóvenes tendrán que resistir los abruptos cambios que eligieron personas que tal vez no vivirán para experimentarlos. Esta modificación dentro de la lista de países pertenecientes al bloque ya está generando impactos negativos, tales como la pérdida de liderazgo de Londres, ciudad mundialmente conocida como la capital financiera de la UE: grandes corporaciones comienzan a analizar opciones para formalizar su mudanza a una nueva locación y las empresas que se beneficiaban de las bondades comerciales entre países pertenecientes a la UE ya comienzan a resentir el cambio en costos y precios al estar regulados por las leyes internacionales de comercio (Hunt y Wheeler, 2017). Otro caso de retroceso en la globalización es el de Estados Unidos, país que desde la llegada de su presidente Donald Trump ha promovido medidas proteccionistas y abandonado tratados interna-

tallnacht: Prelude to Destruction. Estados Unidos: Harper Collins, p. 42.

cionales para supuestamente incentivar el empleo en su territorio. Por una parte, se otorgaron incentivos fiscales que aparentemente benefician a toda la población, pero en realidad son recortes que serán aprovechados en gran medida por las empresas multimillonarias, fomentando aún más el crecimiento de la brecha de desigualdad. Por otro lado, se propusieron fuertes impuestos o amonestaciones para las empresas estadounidenses que lleven su producción a países que ofrezcan mano de obra más barata que en Estados Unidos; además, se busca renegociar tratados como el TLC argumentando un déficit que lleva años afectando a Estados Unidos; sin embargo, dicha nación se ha beneficiado enormemente de las oportunidades empresariales que ofrecen México y Canadá, lo que ha generado una enorme dependencia entre las economías de los tres países. En este sentido, la terminación de dicho tratado podría ser desastrosa tanto para empresarios mexicanos como estadounidenses y canadienses. La administración de Trump está abandonando, además, importantes tratados internacionales referentes a temas ambientales, los cuales comprometen a las industrias a seguir una serie de regulaciones establecidas para que su funcionamiento no afecte de manera ilimitada a la flora y fauna de nuestro planeta, dichas regulaciones equivalen a fuertes inversiones en maquinaria con menos emisiones de gases tóxicos, procesos sustentables para tratado de desechos o tiempos establecidos para la producción. Evidentemente, este tipo de acciones afectan el rango de utilidades obtenidas por una serie de corporaciones con una fuerte influencia en la administración presidencial. En pocas palabras, Estados Unidos está perdiendo su liderazgo mundial, cada vez cierra más sus fronteras, deja de ser referente en temas de innovación ambiental y promueve fuertes políticas inútiles contra la migración ilegal. Su gobierno está cosechando pequeños frutos instantáneos por estos cambios y reformas pero a largo plazo la caída será dura y dejará la puerta abierta para que nuevas potencias económicas en crecimiento, como China, tomen las riendas del orden internacional. Este tipo de retrocesos de la globalización en muchos casos están también relacionados con el nacionalismo y la xenofobia, que ponen al centro la idea de la pérdida de identidad; a menudo algunos sectores de los países desarrollados que reciben migrantes extranjeros en grandes cantidades pueden llegar a adoptar discursos que identifiquen a los extranjeros como una amenaza directa a su cultura ya que estos vienen de un contexto distinto y al integrarse en el nuevo entorno, es posible que creen nuevas costumbres que se filtren al resto de la sociedad y no estén apegadas a los códigos culturales locales. Un factor que muchas veces puede parecer vulnerado es el idioma, cuando estas personas provenientes de otros países llegan a naciones desarrolladas siguen hablando su propia lengua, misma que replicarán también con su familia y amigos, y enseñarán a sus hijos lo que puede generar un choque cultural a partir del lenguaje. En el Reino Unido ya existen pueblos enteros donde en buena parte habitan personas provenientes del Medio Oriente y que por lo tanto hablan su propio idioma; sin embargo, esto no necesariamente significa una amenaza directa al idioma predominante en la nación receptora. Es importante que los gobiernos creen instituciones que velen por la preservación de su cultura y que de esta manera se pueda adoptar la idea de que el tránsito de personas a nivel global no significa una pérdida de identidad nacional, significa que el mundo está alcanzando cada vez más un estatus donde la pluralidad cultural prevalezca sobre los esquemas tradicionales.

Tanto el proteccionismo desmesurado como el libre comercio sin regulaciones pueden traer consecuencias negativas para países desarrollados así como en vías de desarrollo, esto no se debe a que las decisiones de gobierno no se tomen de manera correcta de acuerdo con sus modelos económicos, sino a que sus modelos económicos son obsoletos. Los países desarrollados con un capitalismo radical presumen de una economía estable y de albergar imperios empresariales de magnitudes nunca antes vistas, mientras que los derechos sociales son vendidos como mercancía y mercancía sumamente cara, con una educación accesible sólo para el que la pueda pagar, un excelente servicio médico para quien pueda costearlo y viviendas propias para quien esté dispuesto a endeudarse por el resto de su vida. Por otro lado, los países con gobiernos de izquierda radical cierran parcialmente sus fronteras y garantizan la igualdad en condiciones de pobreza en su territorio, ofrecen educación y servicios de salud gratuitos, mientras que se abstienen de gozar de los avances tecnológicos presentes en otras naciones, quedándose prácticamente detenidos en el tiempo y dependientes casi completamente de los hallazgos y producciones locales para seguir subsistiendo. Corea del Norte representa uno de los más vivos ejemplos de lo que la extrema izquierda autoritaria puede llegar a hacer en una soberanía; al cerrar sus fronteras al mundo exterior, se convirtió en un país donde la mayoría de sus ciudadanos tienen acceso a un servicio de salud sumamente limitado, una educación con tintes de propaganda política que busca programar ciudadanos que sean leales al régimen actual y también un grave problema en la producción de alimentos, los sueldos son sumamente bajos y prácticamente iguales para toda la población, lo que sume a los habitantes en una condición de pobreza generalizada, garantizando, en realidad, la igualdad de carencias. Los pocos recursos que son recaudados por el gobierno son invertidos en buena parte para comprar o crear armamento militar y hasta nuclear, situación que, a pesar de estar monitoreada por la ONU, no ha dejado de ser una amenaza para países vecinos o enemigos ideológicos. En todos los casos, la comercialización, privatización y/o la supremacía del gobierno sobre los derechos fundamentales del individuo suponen un riesgo para la libertad, la igualdad y la vigencia de los derechos universales del hombre en todo el mundo.

En México las medidas neoliberales adoptadas o hasta impuestas por nuestro vecino del norte han convertido a nuestro presupuesto nacional en uno famélico, donde el Gobierno otorga herramientas legales de evasión fiscal para imperios empresariales por medio de fundaciones o asociaciones civiles que les permiten a los grandes monopolios ahorrarse cantidades exuberantes de capital financiero que debería ser invertido en salud, educación o seguridad; además, se promueve la privatización de empresas nacionales que podrían ser administradas por el sector público para generar una mayor y mejor recaudación, dichas empresas son entregadas en parte a corporaciones extranjeras que ven en nuestro país la oportunidad perfecta para hacer negocio. Aquí aplica claramente la descripción de E. Galeano acerca de que *"la justicia es como una serpiente que sólo muerde a los descalzos"*.

Los modelos económicos de izquierda

Las medidas neoliberales generalmente afectan de manera más negativa a las naciones con mayores recursos naturales, ya que varios de estos países están en vías de desarrollo y no pueden aprovechar sus recursos como deberían, por lo que terminan vendiéndolos al mejor postor a cambio de soluciones momentáneas a sus problemas económicos. En Cuba, durante la época del presidente Batista, Estados Unidos solía controlar gran parte de las empresas que en otros países pertenecen al sector público, de esa manera gran parte de la producción agrícola o beneficios económicos nacionales pasaban a las manos de los estadounidenses. Con la Revolución Cubana y la llegada de Fidel Castro al poder, las cosas escalaron al otro extremo: muchas empresas fueron expropiadas y Estados Unidos poco a poco fue perdiendo fuerza en la pequeña isla. Sin embargo, como país capitalista, siguió buscando la forma de tener injerencia en ese excelente punto geográfico; al ver que Cuba cada vez se aislaba más, decidió imponerle un bloqueo económico que, a la vista de muchas personas, pudo haber terminado con su estabilidad económica. Fidel buscaba una nación más justa, pero se perdió en las causas utopistas sin mecanismos pragmáticos reales que las pudieran convertir totalmente en realidad, promovió la educación llevando jóvenes estudiantes a la sierra para impartir clases a los hijos de campesinos y obreros, aparte de impulsar otras metas sociales. Se logró uno de los índices más bajos de analfabetismo y mejores indicadores en salud universal, pero al comprometer las libertades bajo la rectoría suprema del Estado y abanderar una causa que no tiene espacio para nuevas ideas, se cerró en buena parte al mundo, convirtiendo a su país en uno que pareciera haber sido congelado en el tiempo: los autos son sumamente viejos, la Internet es escasa y las tecnologías de información están poco presentes. Tras la muerte del comandante, el régimen se encuentra bajo el liderazgo de su hermano Raúl Castro, que recientemente ha transferido el poder de forma aparente a un personaje leal al sistema, pero al margen de un ejercicio verídico del sufragio. Aún no hay elecciones verdaderamente democráticas y el poder sigue concentrado en un solo apellido como ha ocurrido durante las últimas décadas, esto también merma y deslegitima a la autoridad gubernamental.

En Venezuela también son evidentes los impactos negativos de tener una economía basada en un sistema de izquierda. Durante años, el ex presidente Hugo Chávez se enfocó en hacer justo lo que no se debe en una economía tan cambiante como la actual; el país se encargó de no abrir lo suficiente sus fronteras al comercio internacional y centró una buena parte de sus ingresos en la venta de crudo producido en su territorio. Al tener una de las reservas más grandes de petróleo, Venezuela no tuvo que preocuparse por sus ingresos sino hasta que el precio por barril comenzó a descender; en ese momento se produjeron los problemas más grandes para su economía, ya que las demás fuentes de ingresos no eran lo suficientemente grandes como para sostener al país. En consecuencia, la comida comenzó a escasear, la gasolina empezó a faltar y la inflación comenzó a dispararse, llegando a niveles exagerados. Ante todo este desconcierto, propiciado en gran parte por una corrupción sin escalas y posturas dictatoriales, el régimen chavista, bajo las riendas de Nicolás Maduro aún domina por completo al país, controlando incluso al Poder Legislativo y sus decisiones sin siquiera tener elecciones legitimas.

En México el panorama no es tan diferente del de Venezuela en algunos aspectos. Durante años, gran parte del presupuesto del país se ha sostenido gracias a la venta de petróleo por parte de Pemex, aunque en la actualidad México importa más de la mitad de su gasolina, pues no cuenta con las refinerías necesarias para producir la cantidad que se requiere para el consumo interno. Es como vender jitomate barato y comprarle catsup a ese mismo cliente, pero a un costo exorbitante (Arellano, 2015). La corrupción rampante, la triangulación de recursos de manera fraudulenta y ahora la reforma energética discutible en su legitimidad, han llevado a un estado de crisis a una de las industrias más promisorias del país (Dallanegra, 2008; Barrientos, 2013; Torres, 2005; Vidal, 2011; Rottenbacher, 2012).

Volviendo al capitalismo, en el año 2008 Estados Unidos vivió una de las crisis más grandes en su historia que comenzó durante el llamado *Black Friday,* el cual marcó el inicio de una coyuntura en la que miles de personas perderían sus hogares. ¿Qué sucedió? Desequilibrio total. El mercado estadounidense se encontraba en el absoluto auge en la rama inmobiliaria, la economía parecía buena y estable (por lo menos desde la visión de la clase trabajadora estadounidense) así que las personas se endeudaban para comprar casas y con la plusvalía de dichas propiedades podían ir solventando sus respectivas hipotecas. El problema ocurrió cuando las empresas constructoras, confiadas en esta tendencia, construyeron más casas de las que la gente podía comprar, a tal punto que las ventas bajaron y por ende la plusvalía se detuvo, esto desató una reacción en cadena provocando que los compradores ya no pudieran pagar sus deudas, lo que tuvo un impacto devastador pues no sólo se trataba de las personas que no podían conservar sus hogares sino también de los individuos que habían invertido en sus deudas. Desde algunos años antes de la crisis los bancos habían estado diseñando y ofreciendo distintos paquetes de inversión basados en la obtención de ganancias por medio de los intereses que se fueran acumulando en las deudas, cada deuda contaba con un nivel de seguridad de pago que dependía de la capacidad del deudor y mientras más riesgo hubiese, más ganancias tendría el portafolio de inversión. La crisis se incrementó de manera exponencial porque las grandes corporaciones financieras comenzaron a combinar deudas de paga segura con deudas de alto riesgo, dichas combinaciones fueron vendidas durante mucho tiempo, por lo que la pérdida ya no sólo fue de inmuebles sino de millones de dólares provenientes de personas que habían invertido en estos portafolios. Dichos acontecimientos terminaron por dejar completamente en bancarrota a bancos gigantescos como el Lehman Brothers (A. Goldsmith, comunicación personal, verano de 2017; Gift y Wibbels, 2014; Gift y Gift, 2015).

Los orígenes de la globalización

Para analizar con entereza cómo es que hoy existen países tan distantes económicamente los unos de los otros, se puede comenzar por reflexionar sobre la transición del nomadismo al sedentarismo. Las teorías que sugieren que los seres humanos tuvieron su origen en el continente africano y luego migraron a Europa y Asia, suponen que éstos iban dejando importantes colonias sedentarias principalmente en estos dos últimos continentes, de modo que mientras una parte de la humanidad seguía caminando por el mundo, otra ya se había establecido y comenzaba a desarrollar nuevas formas de organización que facilitaran la producción de alimentos, la caza o la creación de vivienda. Los humanos aún caminantes llegaron al Estrecho de Bering y entraron a América, estableciendo nuevas colonias o agrupaciones humanas que seguirían el mismo proceso iniciado en los asentamientos del viejo continente; por lo tanto, es importante tomar en cuenta el tiempo que transcurrió desde el inicio del sedentarismo en una parte del mundo y otra para empezar a entender un poco más el desarrollo que algunos países tuvieron en su momento.

La globalización en su forma más primitiva comenzó en los siguientes periodos de la historia de la humanidad, mediante los procesos de interconexión de continentes, culturas, ideales políticos, mercancía y religión ligados a la colonización. Fueron las tendencias de colonización las que dieron inicio a la transición de los pequeños negocios patriarcales a las grandes empresas, lo cual nos lleva a entender en cierta medida por qué el capitalismo se ha esparcido de manera más exitosa por el mundo. Una de las virtudes más grandes que tiene dicho sistema económico es que se extiende con mayor facilidad que el comunismo, pues empodera con capital financiero a cabecillas que se involucran en el poder público y aprovecha las bondades de la creciente globalización para expandirse a nuevos mercados y horizontes en forma de empresas transnacionales que siguen el esquema de generar una producción eficaz mediante la reducción de costos. Ésa es una de las principales razones por las que este modelo se encuentra presente en varios países alrededor del mundo, no porque sea un modelo económico que garantice el bienestar general de la población en una nación. Por otro lado, el comunismo tiene mecanismos de expansión bastante diferentes. Generalmente este ocurre mediante una revolución de conciencias en la que es imperativo señalar las deficiencias del capitalismo en cuanto a la distribución de la riqueza, algo que, si se toma en cuenta que la clase trabajadora a la que le interesan más este tipo de ideas es una mayoría creciente y no una minoría, hace que tenga mucho sentido que en los lugares donde prolifera, lo haga con mucha fuerza. Dicha revolución es adoptada por un grupo o un líder mesiánico que proclama tener las habilidades y capacidades necesarias para eliminar las diferencias de clase y terminar con la pobreza. En muchos casos estos líderes sociales se convierten en jefes de Estado represores o terminan encabezando dictaduras. Las naciones que toman estos caminos generalmente lo hacen con pocos aliados y constantemente hacen este llamado a la revolución para expandir su forma de organización política y económica. Los países que adoptan estas medidas lo tienen que hacer de tajo, a diferencia del capitalismo, que puede representar un camino gradual de empresas transnacionales que llegan a nuevos destinos y que poco a poco van cambiando las legislaciones locales para favorecer el libre comercio sin regulación alguna.

A pesar de sus motivaciones, el comunismo representa un fracaso inminente, ya que un solo modelo económico no puede aplicarse eficazmente en naciones con recursos tan diferentes entre sí: un país con pocos recursos naturales y sin acceso al mar difícilmente podrá mantenerse de manera autónoma o con la poca ayuda de otros pocos países revolucionarios aliados. Es decir, las condiciones geopolíticas son determinantes en un contexto regional para identificar cuál es el mecanismo más funcional y operante para mantener el crecimiento económico y la estabilidad social. Si se suma a esto un posible régimen dictatorial y poca expansión empresarial local o extranjera, se llega a la conclusión de que el comunismo representa un sueño demasiado utópico como para convertirse en realidad.

Esto nos lleva al análisis de otro de los grandes problemas a los que se enfrentan muchas naciones hoy en día: la aplicación de medidas universales como solución a los problemas económicos sin considerar las variables y especificidades de cada país o región; pensar que un solo modelo económico, sea de izquierda o de derecha, puede aplicarse de la misma manera para cualquier soberanía en el mundo es uno de los errores más grandes cometidos por los líderes que abanderan estas dos corrientes. Es absolutamente imposible garantizar el bienestar de un país si se usan modelos económicos pensados y desarrollados en coyunturas diferentes, pues cada nación tiene necesidades, tradiciones culturales, tendencias económicas y recursos naturales diferentes, entre otras variables. Por ello no se debe considerar que las adecuaciones económicas que proponen acuerdos como el Consenso de Washington puedan aplicarse de manera correcta a países tan distintos como Rusia o Nigeria; las medidas universales son insuficientes para la salud económica de las naciones. La estrategia de organización política y económica necesita ser replanteada de manera individual para cada país, pero usando herramientas globales. Hay medidas económicas que perfectamente pueden ser aplicadas de manera similar en dos países con coyunturas económicas, políticas y sociales similares; sin embargo, habrá que identificar dónde, cómo y en qué medida se pueden aplicar estos esquemas de organización.

El capitalismo definitivamente genera riqueza, pero ¿riqueza para quién? De ninguna manera el mercado se debe regular autónomamente, lo vimos con las crisis de 1994, 2008 y la preocupante alza en la brecha de desigualdad que promete hacer a un lado a las partes de la población que no tuvieron las mismas oportunidades que una minoría que sí pudo beneficiarse de los acuerdos económicos neoliberales (Ball, Farr y Hanson, 1999).

El problema con las geometrías políticas es que presumen perfección cuando no la tienen y tratar algo confiando ciegamente en que sus lineamientos no tienen errores prácticos es algo sumamente peligroso. Como sociedad, aún no hemos dado el gran paso de abandonar estos esquemas para entender que ya llevamos el tiempo suficiente en este planeta como para poner en práctica de manera individualizada aspectos necesarios de ambos modelos (y algunos nuevos) que definitivamente sí funcionan.

Seguimos tan arraigados en las formas clásicas de organización política y económica, que incluso en México nuestro sistema partidista se encuentra organizado bajo sólo dos caminos posibles con dudosos matices. En la medida en que los gobiernos se vuelvan más pragmáticos, los partidos políticos se verán cada vez más en la necesidad de abandonar sus geometrías políticas y enfocarse en desarrollar propuestas para generar gobiernos hábiles y eficientes; lo anterior abriría completamente el esquema y prepararía la posibilidad de que las coaliciones políticas ya no se basaran en conceptos ideológicos obsoletos sino en proyectos de nación que garantizaran soluciones reales y eficaces. Mientras no se abandonen las cadenas que atan a las viejas formas de administrar una nación, no se encontrarán las respuestas que ésta busca.

Perspectivas

Una de las luchas que debemos emprender como sociedad es la lucha contra los fanatismos ideológicos de izquierda y de derecha; ambos grupos de seguidores deben desarrollar el equilibrio suficiente como para entender que los avances que buscamos no se esconden tras un pensamiento que es dueño absoluto de la verdad. El fanatismo muchas veces les impide a las personas ver los errores presentes en sus paradigmas porque están cegados por su supuesta perfección, por lo que defender una ideología obsoleta se convierte más bien en una lucha pasional y de egos en la que los fanáticos declaran luchar por la causa más noble y al hacerlo, en muchos casos intentan legitimar acciones que velan más por la defensa de su ideología antes que por el bienestar de la sociedad. El adoctrinar y vender estas ideas a la población puede crear grandes movimientos que se digan dueños de las ideas que solucionarán problemáticas nacionales, cuando en realidad no necesariamente es así.

Hay algo que comparten las ideologías políticas y económicas: el objetivo de modificar la forma de organizarnos para vivir mejor de manera individual y colectiva bajo la premisa de acrecentar la calidad de vida. Este objetivo, si se pone al centro de las decisiones de política pública, mantendrá viva la esperanza de transformar los modelos tradicionales en innovadores.

Esta obra es un llamado al razonamiento, a la coherencia y a la objetividad para abandonar falsas "banderas" que representan sistemas diseñados hace décadas y que no responden a las coyunturas actuales, que no comprenden los avances tecnológicos o las nuevas practicas sociales y que por lo tanto, no son la solución para erradicar el hambre, el analfabetismo, la desigualdad o la violencia. Si la inteligencia es la capacidad de adaptarse a un entorno cambiante, entonces ésta siempre debe de prevalecer acompañada de moral, ética y un sentido ordenado de lucha por las causas correctas.

Capítulo II
Pragmatismo aplicado I

No progresas mejorando lo que ya está hecho,
sino esforzándote por lograr lo que aún queda por hacer.
Khalil Gibran

En un mundo dominado por ideologías tradicionales, los gobiernos que logran aplicar con pragmatismo e inteligencia las medidas necesarias para beneficiar a su país, sin dejar a nadie atrás son los más exitosos. Para estar en condiciones de crear un nuevo modelo económico y político que garantice la satisfacción de las necesidades básicas de las personas, es necesario ser totalmente transversalistas, saber identificar objetivamente y sin fobias cuáles estrategias de gobernanza pueden emplearse. Es decir que un factor fundamental radica en transferir las construcciones teóricas a procesos fácticos basados en la eficiencia y el pragmatismo. Hablando en términos generales, existen algunas tendencias que pueden combinarse para obtener el mayor provecho posible en el ámbito de la gobernanza: la globalización, la economía del conocimiento, la obsolescencia programada, la disrupción tecnológica, los procesos de privatización y nacionalización.

Globalización

En primera instancia, la globalización, este fenómeno de interconectividad del cual hablábamos en el capítulo I, se encuentra al centro de uno de los debates más amplios entre las clases políticas tradicionales, lo que lleva a muchos a preguntarse si ha tenido éxito. La respuesta es que lo ha tenido de manera parcial. En la actualidad no existen mecanismos lo suficientemente bien diseñados como para poder obtener sólo los resultados positivos de la globalización; ¿esto significa que los países deberían cerrarse al comercio internacional? Por supuesto que no. Lo primero que hay que entender es que con las adecuaciones necesarias, la globalización podría ser uno de los recursos más importantes para combatir la pobreza y la desigualdad en el mundo, a pesar de que por el momento el estado de cosas no sea ése. En países en vías de desarrollo se deben de crear legislaciones que permitan la entrada de empresas transnacionales cobrando un impuesto bien calculado que ayude a que el gobierno pueda impulsar de igual manera el comercio local y así obtener una mayor recaudación que abone a que en algún punto se puedan garantizar derechos sociales. De esta manera, una parte del dinero de las empresas transnacionales se quedaría en el país para ser administrado por el gobierno y mejorar sus servicios. Sin embargo, dichas modificaciones tienen que ser lo suficientemente atractivas como para que las industrias que deseen expandirse a otras regiones del mundo continúen considerando a los países en proceso de desarrollo como un área de oportunidad para su crecimiento. Indudablemente, las utilidades de las empresas cambiarían y la riqueza se concentraría cada vez menos, por lo que los países de origen de estas corporaciones también tendrían que ofrecer mecanismos que faciliten a las industrias su expansión de manera ordenada y sin acuerdos gubernamentales que puedan dañar aún más el orden económico y los ecosistemas establecidos (ecosistema entendido en el marco económico y social).

Apoyar las regulaciones correctas para que la globalización sea una herramienta útil para todos se convertirá en una responsabilidad compartida entre distintos países. Sin embargo, más allá de las naciones, las organizaciones multilaterales también deben de hacer uso de sus facultades como mecanismos de gobernanza global y supervisar el accionar de los monopolios más fuertes que entran a países en ruta de desarrollo. Aunado a lo anterior, es sumamente importante que los países en desarrollo que sean sometidos a estos acuerdos liguen sus avances al crecimiento equivalente de su comercio local. Se tiene que fomentar la cultura de valoración positiva de la mercancía nacional y garantizar una competencia equilibrada entre los productos locales y extranjeros; de esta forma, la economía interna de un país crece, se establece de manera firme y se elimina hasta cierto punto la dependencia con otras soberanías, por lo menos lo suficiente como para protegerse económicamente en casos de crisis (Gift y Gift, 2015).

En el ámbito laboral, las empresas transnacionales que se aprovechan de la mano de obra barata deben ser capaces de garantizar los derechos laborales y cierto número de prestaciones establecidas por el gobierno. En cuanto a los salarios, en caso de que su monto no sea suficiente para llevar una vida digna con oportunidades de crecimiento y que no puedan ser elevados por la evidente alza en la inflación que resultaría de su incremento, pueden ser subsidiados por el gobierno en cierto porcentaje agregado. Esto (que abordaré más adelante) para poder garantizar a las personas una mejor calidad de vida, por lo menos hasta que la economía evolucione de modo que permita elevar los salarios sin tener afectaciones mayores a las inversiones ya hechas por la industria. Estas regulaciones de protección al trabajador deben ser garantizadas tanto por las empresas extranjeras como por las locales.

En el caso de países desarrollados, el fenómeno del *outsourcing* ha sido satanizado por la población desinformada de manera alarmante, a tal grado que la presión social y los gobernantes poco informados ponen fuertes obstáculos para las empresas que quieran mover su producción a otras partes del mundo. Para encontrar la solución a este problema es necesario comprender que los empleos son como la energía, ésta no puede ser destruida pero sí transformada, por lo tanto, la clave no está en retener los empleos y frenar el mercado por la fuerza, sino en incentivar y en enfocarse en las nuevas áreas de oportunidad que los movimientos económicos abren en ciertos ámbitos. Hace algunos años Estados Unidos se enfrentó a este problema con la gran emigración de *call centers* a la India. En un inicio esto se tradujo en un gran número de personas desempleadas, pero después el Gobierno estadounidense supo dirigir a estos trabajadores a una nueva área de oportunidad: el conocimiento. En menos de un año éste se convirtió en la principal fuente de empleo para los individuos que perdieron sus trabajos e incluso sus salarios tuvieron incrementos sustanciosos al cambiar de un ámbito laboral a otro (T. Gift, comunicación personal, verano de 2017). Sin embargo, la administración Trump de Estados Unidos se ha enfocado en revertir el proceso y frenar por la fuerza a las empresas que buscan nuevas áreas de oportunidad fuera de su país.

Economía del conocimiento

Es importante puntualizar que conforme los avances tecnológicos sigan su curso, la intervención humana en la industria será cada vez menos necesaria. En consecuencia, los países que quieran caminar hacia una economía estable en el futuro deberán apostar al desarrollo de una economía del conocimiento. Es decir, que el mejor activo que tengan sean la experiencia, el intelecto y la educación en general para crear acuerdos empresariales, ofrecer servicios y de esta manera crear nuevas fuentes de empleo. Esta transición va de la economía de la manufactura a la economía que ponga como eje central la formación de las personas. Esta tendencia pone al centro a la educación. Así, fortalecer la economía no sólo es cuestión de cuidar aspectos fiscales, de regulación o liberación, sino que también implica un fuerte llamado al Estado para que ponga la educación al frente de sus objetivos, pues aunque la automatización de los procesos productivos pueda tardar más en unas naciones que en otras, es evidente que en algún punto no muy lejano en la historia, alcanzaremos una coyuntura en la cual una de las principales fuentes de empleo, en todos los países, será el conocimiento.[2]

---

2   Antecedente sobre la economía del conocimiento, citado en: Eduardo Bueno, Mª Paz Salmador y Carlos Merino, 2008, Génesis, concepto y desarrollo del capital intelectual en la economía del conocimiento: Una reflexión sobre el modelo *intellectus* y sus aplicaciones. *Estudios de Economía Aplicada*, 26(2): 43-64.

Hace casi cuatro décadas, Bell (1973) constataba, por una parte, la evolución de la sociedad basada en la agricultura hacia la sociedad industrial, y por otra, la transformación de esta última en la sociedad postindustrial. Mientras que en la economía agrícola el recurso principal era la tierra y en la economía industrial fue el capital físico, actualmente el conocimiento se ha convertido en el recurso estratégico por excelencia. Este planteamiento deriva de la aportación precursora de Marshall (1890) sobre aquél como cuarto factor o agente de producción, así como de las contribuciones que le siguieron gracias a las ideas de Drucker (1965) y Machlup (1980), entre otros. En consecuencia, la llegada de la sociedad de la información y su evolución hacia la del conocimiento ha situado a los recursos intangibles basados en conocimiento en una de las fuentes principales de creación de ventaja competitiva sostenible de la empresa y de generación de valor y desempeño futuro de las organizaciones (Amir y Lev, 1996; Aboody y Lev, 1998; Edvinsson, 1997; Hendrick, 1961; Lev, 1989, 2001). En este contexto surge el concepto del capital intelectual, como perspectiva estratégica de la "cuenta y razón" de los intangibles de la organización (Bueno, 2002).

Siguiendo este orden de ideas, podemos definir que una de las principales herramientas para combatir el desempleo en un mercado tan cambiante como el actual es que el gobierno tenga la capacidad necesaria para leer las nuevas tendencias laborales que se aproximan y que con esa información pueda primero dirigir a los trabajadores desempleados a esos nuevos mercados; o en caso de ser necesario, brinde la capacitación adecuada para que los trabajadores estén listos para desarrollarse de manera correcta en los nichos laborales crecientes; finalmente, es de suma importancia que los jóvenes sean preparados de manera activa para los empleos que florecerán a futuro. En el caso de México, existen instituciones públicas, preparatorias y secundarias que les ofrecen a sus estudiantes la posibilidad de desarrollar habilidades relacionadas con oficios manuales; sin embargo, dicha preparación debe obedecer de manera muy estricta los cambios que puedan surgir en el mercado y tener proyecciones muy claras de cuáles habilidades serán imperativas para ser miembros funcionales de la nueva economía y que de esta manera, el gobierno deje de formar jóvenes que terminen siendo parte de la cifra de desempleo. Un concepto clave para entender estos movimientos laborales es el *inconsciente colectivo de las masas* (Klaric, 2012; Jung, 1970), es decir, una idea que yace escondida de manera involuntaria en nuestro cerebro pero que influye en lo que comemos, lo que compramos y lo que decidimos en general; el inconsciente colectivo representa el ideal que tenemos referente a un tema, aunque de manera consciente no tengamos claridad sobre él. Esta idea es compartida de manera colectiva por millones de personas que han crecido en un ecosistema similar, así que si un producto, una marca o una idea acierta en el inconsciente colectivo de las masas, puede tener un gran éxito. Por lo tanto, es crucial que el gobierno pueda analizar e identificar estos pensamientos que participan en la construcción del futuro de la oferta y la demanda para garantizar buenas oportunidades educativas en torno a los cambios laborales del futuro.

Relación entre innovación y obsolescencia programada

Dos de las tendencias más importantes que están marcando la ruta de los nuevos mercados son, sin duda, la obsolescencia programada y la disrupción. La primera constituye un principio con el cual se rigen miles de empresas en el mundo, que establece que los productos e ideas deben dejar de ser útiles o funcionales después de cierto tiempo o, en otras palabras, deben volverse obsoletos. En un inicio, impulsar esta idea parecía favorable para acrecentar una industria que se enfocara en la innovación y que, de manera progresiva, nunca dejará de tener que producir. Sin embargo, hoy en día, conforme el periodo de tiempo que convierte un producto en obsoleto se acorta cada vez más, se torna sumamente preocupante que el consumismo desmedido requiera de la explotación excesiva de recursos naturales para seguir favoreciendo a una economía que ya se encuentra acostumbrada al aumento de la obsolescencia programada.

Es necesario generar regulaciones para incentivar la reutilización masiva de insumos, para garantizar la protección del medio ambiente. Además, se requiere establecer legislaciones que protejan al consumidor de abusos por parte de empresas que sabotean sus productos de manera intencionada para apresurar la obsolescencia, lo cual no significaría frenar la innovación. De hecho procura regularla para usarla a nuestro favor en la búsqueda de un crecimiento rápido pero ordenado de la economía, que tome en cuenta los impactos negativos y positivos de la innovación (Soto, 2017).

Disrupción tecnológica

La disrupción, por otro lado, representa algo completamente distinto. Esta tendencia expresa el movimiento ocasionado cuando nuevas tecnologías reemplazan a las ya existentes. Para que esto ocurra, hay una serie de factores que deben ser tomados en cuenta: primero, el precio de fabricación y venta; un producto, por más avanzado o tecnológico que sea, nunca va a poder ocupar un espacio de liderazgo absoluto en el mercado si no es accesible para la población. Originalmente, adquirir una computadora era sumamente costoso y sólo grandes empresas o magnates multimillonarios podían darse el lujo de poseer esta herramienta. Sin embargo, hoy en día las computadoras son accesibles para una parte importante de la población mundial. En el siglo xxi el reemplazo de tecnologías por otras nuevas se da en periodos cada vez más cortos, así que pasan de tener un precio exorbitante a un precio accesible para el público, con una velocidad creciente. Esto ocasiona que el mercado se modifique de manera súbita y con mayor frecuencia, poniendo en jaque muchas regulaciones y legislaciones gubernamentales que no están preparadas para los cambios a tal velocidad. En muchas ocasiones el gobierno invierte en infraestructura para sus empresas públicas basado en el *statu quo,* mientras que se requiere hacer una análisis de las coyunturas y de los productos para identificar las tendencias en las que van de la mano la creciente disrupción y la cada vez más corta obsolescencia de los productos (Christensen, 1999; Gift y Wibbels, 2014).

Procesos de privatización
vs de nacionalización

El tema de las empresas públicas nos lleva a revisar una cuestión sumamente compleja tanto en países desarrollados como en vías de desarrollo: decidir sobre la privatización o la nacionalización de bienes y servicios. En muchas naciones que han apostado por la privatización casi absoluta de sus servicios, éstos resultan sumamente caros aunque sean de buena calidad. Otras naciones en las que se ha optado por la nacionalización de sus recursos y servicios, estos últimos en muchos países son de mala calidad debido al desempeño sumamente deficiente de los empleados públicos y la mala recaudación, en algunos casos. Es necesario reconocer la notable y probada eficiencia de la iniciativa privada, por la cual se deciden muchos países. Sin embargo, igualmente se requiere comprender cuáles son los balances necesarios que un país necesita para tener servicios eficientes a precios accesibles y también cuidar de sus recursos. Los recursos naturales como el petróleo, el agua y otros de este tipo que se encuentran dentro del territorio nacional son propiedad de los ciudadanos y bajo ninguna circunstancia deben ser privatizados. Por otra parte, es importante identificar cuáles son los servicios y las empresas del sector público que tienen las características necesarias para ser privatizadas. En caso de ser ineficiente su servicio, el gobierno debe destinar un mayor presupuesto y sobre todo designar a un fiscal autónomo encargado de supervisar y combatir la corrupción que invada a las empresas estatales. Los servicios como la educación o la salud deben ser garantizados, así como atendidos por el gobierno y, al igual que los recursos naturales, bajo ninguna circunstancia deben ser entregados a la iniciativa privada y mucho menos a la extranjera. No obstante lo anterior, existe un sinnúmero de servicios que sí pueden ser adoptados y desarrollados por el sector privado aprovechando su notable eficiencia y poder de innovación en algunos casos, entre ellos se puede encontrar la telefonía, ámbito que no forma parte de los recursos naturales de la nación y que aunque es básico para una vida digna, no se considera un derecho. Cabe señalar que lo anterior no exime al gobierno del deber de imponer regulaciones y combatir los monopolios de manera tajante y absoluta, garantizando que sean varias las empresas que brinden los servicios y compitan de manera ordenada y justa. Un punto crítico en este balance es el que dichas propuestas sean plenamente compatibles con el desarrollo sustentable (Griggs, 2013).

Las instituciones públicas (o privadas a las que se haya concesionado un servicio público) deben cumplir con las prestaciones laborales adecuadas para que sus empleados lleven una vida digna y con oportunidades de crecimiento.

Capítulo III
Pragmatismo aplicado II

*Todo progreso está basado en el deseo universal
e innato por parte de cada organismo de vivir
por encima de sus posibilidades.*
Samuel Butler

Subsidio al salario mínimo

Un tema medular relacionado con la gobernanza es el salario mínimo, ese monto establecido mediante criterios tecnocráticos debería garantizar que los sueldos en su mínima expresión legal sean suficientes para llevar una vida sin carencias. Sin embargo, son pocos los países en desarrollo que logran equilibrar su salario mínimo con la inflación para asegurar una buena calidad de vida. El subsidio de un porcentaje agregado al salario podría aplicarse a las personas que trabajen y no tengan los ingresos suficientes para subsistir aunque su salario esté apegado a lo establecido en la ley. De esta manera, el gobierno se puede asegurar de que aunque el salario mínimo sea bajo, haya un ingreso para los trabajadores que garantice una calidad de vida digna. Si se toma en cuenta que este apoyo iría dirigido a las personas con empleos formales, ello implica que dichos empleos deben incrementarse mediante la apertura de empresas locales y extranjeras. Por ende, uno de los grandes retos será atraer a los trabajadores informales a este modelo que puede ofrecer nuevos beneficios. De esta manera, progresivamente se puede aspirar a que el salario aumente conforme su balance con la inflación lo vaya permitiendo y que, en consecuencia, este subsidio pueda ir disminuyendo con el pasar de los años. Así se podría prevenir el duro golpe inflacionario para la economía nacional que implicaría sólo subir el salario mínimo de manera indiscriminada, si el subsidio se aplica en momentos de inflación, se está subsidiando la demanda, que es lo que está generando la inflación, sin embargo dicho beneficio nunca debe de convertirse en una herramienta empresarial para no pagarle lo suficiente a los empleados como para llevar una buena calidad de vida. El salario mínimo debe de ser elevado a su máximo posible sin que dañe la economía, cuando no pueda elevarse más, el subsidio puede ser una herramienta valiosa. Además, se podrían crear programas focalizados para atender a minorías específicas como personas con discapacidad, adultos mayores o ciudadanos en situación de pobreza extrema. De esta forma se aprovecharían mejor los recursos y si se combinaran de manera adecuada con el subsidio al salario, se lograría desarrollar un combate eficiente contra la desigualdad.

Descentralización

Un gran obstáculo para reducir la desigualdad económica es la centralización de recursos, de las oficinas públicas y de las matrices empresariales en una sola ciudad o región, pues ello pone en desventaja a las demás regiones al no recibir el flujo financiero que dichas empresas y oficinas públicas traen. En el caso de los países constituidos como federaciones, las secretarías de Estado involucran la presencia de grandes cantidades de personas que representan un impacto positivo en la economía estatal, las sedes centrales de las empresas se traducen en un tránsito de individuos cada día, lo que beneficia al comercio local, además de fomentar la inversión en el estado. Por lo tanto, mientras menos centralizados estén estos tres elementos, más será posible redistribuir la riqueza a lo largo de un país y en consecuencia se combatirá la pobreza y se mejorará la salud de sus finanzas locales. Si se comparan México y Estados Unidos en cuanto a la descentralización, la diferencia es clara: en el país estadounidense, Washington DC no constituye la única ciudad en la que se encuentran concentradas la iniciativa privada y recursos del gobierno, pues existen grandes metrópolis como Nueva York, Boston, Miami o Las Vegas, cada una con sus características individuales, que han crecido de manera homogénea, en ellas se pueden encontrar grandes sedes de negocios transnacionales y recursos distribuidos de forma equitativa con apoyos importantes para el desarrollo de cada entidad; a diferencia de México, donde las sedes financieras y empresariales más importantes están concentradas en la Ciudad de México, la capital del país, así como las secretarías federales y los recursos financieros, lo que abona a que México sea uno de los países más desiguales de América Latina.

La trampa de la pobreza

Desde una perspectiva general, existen cuatro características que pueden ser clasificadas como factores creadores de pobreza; a estos factores se les conoce como la trampa de la pobreza y son condiciones que algunos países en vías de desarrollo comparten. En *primer lugar*, se encuentran las guerras civiles y el conflicto. Esta tesitura es determinante para la estabilidad económica de una nación; muchos países africanos han perdido importantes inversiones por sus constantes sublevaciones y episodios de inseguridad, aunque no se necesita una gran disputa para sufrir los impactos negativos de esta variable. En México, la guerra contra el narcotráfico iniciada en 2006 por el entonces presidente Felipe Calderón ha desatado un caos a lo largo de todo el país, en el que el crimen organizado cobra cuotas mensuales a comerciantes y empresarios de todas las tallas, lo que ha ahuyentado la inversión. El que no exista un entorno seguro para el comercio sin duda pone en riesgo su desarrollo, por lo que la seguridad también debe de ser un tema central de gobernanza, ya que influye en el crecimiento económico.

Como *segundo factor* se encuentran los recursos naturales. Paradójicamente éstos suelen ser una desventaja para muchos países en vías de desarrollo, ya que como se analizó con anterioridad, no cuentan con la tecnología ni con el capital financiero suficiente para procesar y convertir esos recursos en generadores de fuerza económica; en consecuencia, muchas veces la explotación de estas materias primas termina siendo privatizada y cedida a empresas transnacionales. Esto ocurre en muchas naciones ricas en recursos naturales y es interesante analizar cómo las principales potencias del mundo, en general, no cuentan con la misma materia prima que los países en proceso de desarrollo.

El *tercer factor* generador de pobreza es el aislamiento geográfico. Un país sin acceso al mar sin duda cuenta con menores oportunidades de comercio que un país con amplias costas y conocidos puertos, pues la vía marítima es una de las principales formas de transporte de mercancía hoy en día, así que, al requerir movimientos terrestres, el costo de los productos se eleva y en algunas ocasiones simplemente éstos no llegan a dichas naciones. Estas soberanías requieren desarrollar los medios de transporte que sí pueden utilizar, así como generar sólidos acuerdos comerciales con los países vecinos que sí cuenten con acceso al mar.

El *cuarto factor* de generación de pobreza, que definitivamente está presente en muchos países en proceso de desarrollo, es la mala gobernanza, es decir, una falta de capacidad para tomar buenas decisiones o, mejor dicho, para tomar decisiones colectivas que abonen a la estabilidad del país. La mala gobernanza es el peor enemigo de las naciones que luchan contra la pobreza y debe de ser una prioridad para la población elegir y exigir gobiernos competentes, calificados, honestos y que combatan la corrupción. Esta última es uno de los obstáculos más fuertes para el desarrollo de un país, pues, aunque se logren generar políticas públicas en pro de la ciudadanía, se diseñen medidas para el combate a la desigualdad o incluso se consiga apoyo económico externo, nada dará los resultados esperados si el sistema es corrupto.[3] Por ello, en un país que busque alcanzar importantes metas en su desarrollo, el combate a la *corrupción* debe ser uno de los ejes centrales de la política pública, estableciendo penas cada vez más duras contra los funcionarios públicos que sean culpables de corrupción sin importar su

---

3   Agradezco al doctor Thomas Gift por sus enseñanzas y asesoría sobre el fenómeno de la globalización durante el curso: The political economy of globalization: Challenges and opportunities. Harvard Summer School, 2017. Harvard University. Cambridge, Massachusetts.

cargo. En el mundo, existen países donde la corrupción sólo se encuentra en las cúpulas de poder más altas como en algunas naciones desarrolladas; hay otros, donde la corrupción se encuentra más bien en las estructuras con menos poder en el gobierno, que tienen contacto directo con la ciudadanía; el peor caso de todos es en el que el sistema está infectado por igual en todos sus niveles: los altos funcionarios son corruptos y también los servidores que se encuentran en una posición jerárquicamente más baja: en este caso que ocurre principalmente en países en vías de desarrollo, la corrupción representa un conflicto en sí misma y, por lo tanto, debe ser atendida y erradicada hasta su mínima expresión posible.

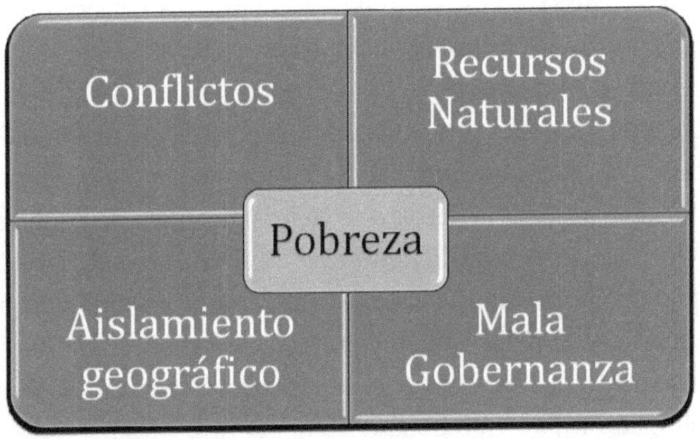

FIGURA 1. Cuatro elementos clave generadores de pobreza, relacionados con la geopolítica y la gobernanza, en el marco económico y social.

Por otro lado es relevante considerar el impacto real de la pobreza en los márgenes humanos. La pobreza no son sólo indicadores económicos, es el impacto en el bienestar, la salud, la educación, la sanidad, etc. Las variables humanas derivadas de la pobreza y la desigualdad han llegado a grados vergonzosos: 129 millones de niños con déficit ponderal nutricional, 1,100 millones de personas sin acceso a agua, 443 millones de días escolares perdidos, y 150 millones de niños con déficit de aprendizaje derivado de la desnutrición (UNICEF, 2013-2015). Por si fuera poco, en este mismo periodo se detectó que el mundo gastó 5% del PIB en acciones de corrupción (Banco Mundial, 2014). Sigue siendo vigente el llamado de atención que postuló Charles Darwin: *Si la miseria de los pobres no es causada por las leyes de la naturaleza, sino por nuestras instituciones, cuán grande es nuestro pecado.*

Regulación fiscal

En cuanto a la regulación del sector privado en materia fiscal, ésta debe ser la carta más poderosa para impulsar la redistribución de la riqueza. En la actualidad existen mecanismos que facilitan la creación de grandes monopolios que absorben al mercado e incluso llegan a tener injerencia en las decisiones de carácter público. Es necesario que los lineamientos para deducir impuestos, que están al servicio de los grandes imperios empresariales, se reduzcan y tengan un límite establecido. Ninguna fundación, asociación civil o agrupación usada por grandes corporaciones para pagar menos impuestos puede realizar un mejor trabajo que el gobierno, cuando éste cuenta con el presupuesto necesario para garantizar una buena calidad de vida a sus ciudadanos. Además, por razones éticas esto es responsabilidad del sector público y no de la iniciativa privada. Los miles de millones que son posibles de deducir en impuestos por las grandes corporaciones deben ser reducidos, dejando un rango mínimo y suficiente para seguir apoyando a las empresas que quieran hacer labor social. Algunos países desarrollados como Suiza o Dinamarca tienen una recaudación que contrasta de manera impresionante con la de muchos países latinoamericanos. Los gobiernos de los dos países mencionados cuentan con el capital necesario para mejorar la calidad de vida de su población, esto no ocurre sólo porque la gente común y corriente paga más impuestos, sino también porque los grandes grupos empresariales pagan impuestos progresivos, de modo que se garantiza una mejor distribución de la riqueza. Además, los impuestos progresivos y la reducción de mecanismos para deducir impuestos generan un contexto más favorable para las pequeñas y medianas empresas, que llevan años combatiendo contra un mercado que favorece de manera directa a los monopolios o a los gigantes empresariales, como sucede en México.

Rol de los organismos multilaterales

Es imperativo puntualizar la relevancia de los organismos multilaterales a nivel mundial para asegurar la correcta y ordenada realización de todos estos procesos. Si bien es cierto que no hay un gobierno global, sí existe una gobernanza global que integra un conjunto de normas, regulaciones, acuerdos, capacidades de ejecución y organismos en el ámbito internacional. Sin embargo, en muchos casos las acciones de dichos organismos se encuentran limitadas por la falta de cooperación por parte de algunos países, lo que entorpece y obstaculiza una gran cantidad de avances. Por ello, es de suma relevancia que estas redes de gobernanza global cuenten con mayores facultades para hacer valer los intereses colectivos de las naciones pertenecientes a ellas. Estos organismos no deben caer en la inactividad o limitarse sólo a realizar estudios académicos, es deber de los países fortalecerlos para aplicar la ley, brindar la ayuda humanitaria necesaria en casos de desastre, intervenir económicamente y ejercer acciones militares para garantizar la justicia donde no la hay. Lo anterior permitiría crear metas comunes entre naciones totalmente distintas, así como desarrollar una verdadera y equilibrada sinergia entre países, generando la aspiración a tener economías más estables y equitativas entre sí.

Los organismos multilaterales, al representar a distintas naciones, también se convierten en mediadores valiosos durante los conflictos, lo cual ha logrado prevenir guerras en las últimas décadas. Sin embargo, su capacidad mediadora no ha sido suficiente para erradicar por completo la violencia.

La gobernanza global también genera eficiencia en el desarrollo de medidas establecidas en conjunto, ya que al incluir a diversas naciones en los acuerdos, dichos consensos tienen mayor fuerza para aplicarse en contextos individuales.

Por último, el hecho de que la gobernanza global alinee a distintas naciones en torno a los mismos acuerdos y normas, previene conflictos y asegura que la ley y el orden sean promovidos a nivel global bajo una misma línea de entendimiento (T. Gift, comunicación personal, verano de 2017).

Con el pasar del tiempo y el avance de la globalización, es necesario que los organismos internacionales también evolucionen y no combatan problemáticas nuevas con herramientas viejas; así que mientras más internacionalizado esté el planeta, más facultades hay que darles a los organismos multilaterales para que velen por nuestros intereses. De lo contrario, sin una figura de carácter internacional lo suficientemente fuerte como para ordenar la globalización, ésta seguirá desarrollándose tanto en sus aspectos positivos como en los negativos.

Vale la pena señalar que también existen grandes problemáticas propias de las organizaciones multilaterales que hay que combatir, como la influencia desproporcionada de los países desarrollados en la toma de decisiones o la falta de capacidad para manejar el escepticismo que algunos líderes mundiales sienten al aplicar los acuerdos internacionales en sus países.

Los gobiernos transversalistas

Existen gobiernos alrededor del mundo que han sabido usar el transversalismo a su favor en los niveles municipales, estatales y nacionales, de esta manera han podido crear acciones exitosas y con resultados concretos en los últimos años. Lo que marca a estas administraciones es su capacidad para no abanderar ningún posicionamiento ideológico en la práctica, incluso si pertenecen a institutos políticos apegados a una ideología tradicional de derecha o de izquierda; de esta manera, sus decisiones pueden dar giros inesperados que se adaptan a las necesidades locales sin obedecer concepciones idealizadas por la historia.

La capacidad de innovación y la de organización son hoy las características más importantes para tener un gobierno exitoso. Un gobierno exitoso es aquel que enfoca sus recursos en aplicar nuevos métodos que mejoren la eficiencia de sus procesos, esa es la clase de competencia entre administraciones que están presentes hoy en día. El pragmatismo y la eficacia tienen que ser las piedras angulares de sus acciones. Con el pasar del tiempo, los gobiernos en turno irán abandonando los estándares clásicos de gobernanza. Si esta tendencia continúa, será cada vez más frecuente ver partidos políticos con ideologías que ya no estén definidas por los geometrismos tradicionales; de esta manera, los líderes políticos que han demostrado ser capaces de hacer su trabajo podrán colaborar de manera libre entre sí, sin tener que navegar en contradicciones ideológicas que ya no existirán y que por lo tanto ya no los separarán (por lo menos en la práctica).

En este momento es posible observar caudillos progresistas en partidos de derecha, así como grandes líderes del mundo empresarial en los de izquierda, lo cual es viable si el pragmatismo guía sus acciones. Esta falta de rigor ideológico ha sido sumamente satanizada por la sociedad, pero ello no ha frenado la tendencia a abandonar las ideologías políticas en la práctica. La percepción de que la izquierda y la derecha deben vivir en la confrontación, en los hechos ha perdido valor. Del mismo modo, los candidatos políticos que aspiran a grandes puestos de elección popular, en general ya no hacen propuestas fuertemente marcadas por las geometrías políticas, sino que desarrollan sus iniciativas con base en el análisis de las problemáticas actuales y la creación estrategias probadas para su pronta solución. Incluso en muchos casos las propuestas pueden repetirse entre los postulantes de distintas procedencias ideológicas, con un nombre diferente pero con los mismos contenidos básicos.

Uno de los factores que hoy en día pesa más entre los votantes es, antes que la ideología tradicional de un líder político, su eficacia para combatir la corrupción. De hecho muchos institutos políticos están marcados por escándalos de este tipo, por lo que un valor agregado para los partidos es la historia que tengan en cuanto a la lucha contra la deshonestidad.

En México, los partidos que han gobernado por más tiempo son los que han sido acusados con mayor frecuencia de no poder corregir este tipo de malas prácticas, de modo que, sin importar que sus propuestas sean positivas, la gente no votará por ellos. Para explicar su incapacidad para combatir la corrupción, valga señalar un principio sobre el poder muy sencillo: quien tiene el poder por mucho tiempo le pierde el respeto, olvida su valor y siente que tiene facultades absolutas para manejarse como mejor le convenga. Lo mismo pasa con los partidos políticos: después de años de gobierno dejan de innovar porque se sienten muy cómodos en sus posiciones hegemónicas; sin embargo ello abre la puerta para que nuevos movimientos políticos, ansiosos por demostrar lo que saben hacer en la agenda pública, trabajen para derrotar al régimen en turno. La alternancia es sumamente necesaria para garantizar gobiernos eficientes que nunca dejen de innovar. Normalmente, cuando un país permanece durante décadas bajo el mando de la misma generación de personas, pierde completamente el sentido con el pasar de los años. Es posible que en un futuro no muy cercano la propaganda de los partidos políticos se base casi absolutamente en su capacidad de gobernanza probada, en los avances tecnológicos impulsados, en la experiencia y las derrotas que les hayan enseñado a sus funcionarios lo que sirve y lo que no, para hacer un buen papel durante su administración; así que no se tratará ya de plantear ¿qué hacer como gobierno?, sino de demostrar quién lo hace mejor.

Capítulo IV
Evolución tecnológica

Los avances tecnológicos se han desarrollado a un ritmo sumamente acelerado en los últimos años y han penetrado ampliamente en nuestro tejido social, hasta convertirse en factores sumamente relevantes en la forma en la que nos relacionamos con otros seres humanos. En un mundo cambiante, las prácticas sociales evolucionan de la mano de la innovación tecnológica. Un claro ejemplo de esto es la modificación de la forma en la que nos comunicamos: antes las llamadas sólo podían hacerse desde teléfonos fijos; después, los celulares brindaron la posibilidad de hacerlo desde cualquier lugar; finalmente, la internet le ha dado a la comunicación un giro de 180 grados: una llamada telefónica ya no es necesaria para ponerse en contacto con una persona: la mensajería instantánea, las redes sociales o incluso las videollamadas son las nuevas tendencias.

Además, la Internet ha ido creando su propia cultura con nuevos elementos de comunicación informática, el impresionante rol del @ y diferentes expresiones y prácticas que sólo tienen sentido gracias a esta red. Este formato de comunicación evolutiva bajo diseño tecnológico configura los neolenguajes a través de los cuales aparecen nuevos códigos, formatos, emoticones, que pueden transferir no sólo información, sino incluso estados de percepción emocional en tiempo real. El gran avance tecnológico no sólo ha tenido éxito por la gran cantidad de entretenimiento y por los contenidos informativos que ofrece, sino también porque ha sabido llegar a un gran público. Hoy en día son muchas las personas que desde distintos estratos socioeconómicos tienen acceso a esta red. Cada día Internet es más veloz, más eficiente y mucho más accesible, esto permite que se convierta en un espacio donde personas de diferentes clases sociales interactúan mediante una nueva forma de comunicación.

La disrupción que generó la aparición de la Internet no ocurrió con mucha rapidez, pues en los primeros años no era lo suficientemente barata como para que personas de recursos limitados accedieran a ella. Sin embargo, tiempo después la red ha alcanzado a millones de personas y especialmente a los jóvenes que han crecido durante la era digital. Esto significa que muchas formas de comunicación anteriores a ella tal vez ya no tendrán mucho sentido para las nuevas generaciones. La Internet se ha convertido en la red más importante que conecta al mundo, es el medio con más tráfico de información por el que ahora circulan los periódicos, los noticieros, el cine, la televisión y la radio, que antes requerían de canales propios para circular (papel y distribución a puntos de venta físicos, la película de 35 mm y su distribución física a salas de cine, etc.), ello sugiere que este fenómeno seguirá marcando de manera muy importante también la evolución del mercado en el mundo (Espinar-Ruiz, 2015; Padilla de la T., 2011).

Uno de los efectos más importantes que la Internet ha traído consigo es la concientización. A través de las redes sociales no sólo se informa, sino que se genera opinión y se promueven conductas proactivas en la sociedad de una manera cada vez más crítica. El acceso a información relevante para la población en general, ha permitido hacer públicos atropellos por parte de las autoridades, actos de corrupción e injusticias convirtiéndose en un medio legítimo de denuncia para la ciudadanía. En México, es frecuente que las personas se quejen del estado de cosas en el país debido a la gran cantidad de noticias de corrupción que circulan en las redes sociales; sin embargo, no existen más políticos corruptos hoy que en el pasado, sino que por primera vez en la historia, son evidenciados de una manera tan sencilla, pública y viral. Un gran ejemplo de esto en México es la ahora llamada "generación de gobernadores corruptos" pertenecientes al PRI: en 2012, las campañas políticas del Partido Revolucionario Institucional vendieron a sus candidatos como pertenecientes a una nueva generación de priístas que marcarían el comienzo de otra etapa en el partido con políticos más jóvenes, más honestos y mejor preparados que los del pasado. Al pasar de los meses, distintos casos de enriquecimiento ilícito, malversación de fondos y cuentas en el extranjero fueron exhibidos en medios digitales y al terminar sus administraciones algunos de ellos se convirtieron en prófugos de la justicia. Para la opinión pública mexicana esta generación de funcionarios marca un hito en la historia como la más corrupta que ha existido en el país; sin embargo, en realidad debería ser recordada como la primera generación de gobernadores cuyos actos ilícitos pudieron ser evidenciados y conocidos públicamente por medio de las redes sociales digitales.

Internet ya no sólo representa un canal de información sino también una forma de empoderamiento para el ciudadano común, donde de manera libre y sencilla tiene la oportunidad de hacer pública una postura, liderar una causa o levantar la voz ante alguna injusticia. Ello equilibra la balanza a favor de la ciudadanía en relación con la figura hegemónica del político tradicional. Estas formas de empoderamiento pueden preocupar a los funcionarios corruptos o autoritarios, pero para los líderes políticos que buscan un mundo más libre y equitativo estos avances tecnológicos representan una oportunidad histórica para que la sociedad ya no se divida entre oprimidos y opresores (Leyva-Cordero, 2016; Villanueva-Martínez, 2016).

Internet también representa un mecanismo para el intercambio de ideas por medio de mensajes o comentarios, por lo que también le otorga a la ciudadanía un espacio de diálogo y opinión, algo que ningún medio como el periódico, la radio o la televisión pueden brindar de manera tan abierta. Este nuevo medio no sólo se ha convertido en un espacio de denuncia ciudadana, sino también en un lienzo en blanco para plasmar y dar a conocer ideas o nuevas formas de expresión política. Hoy en día las campañas políticas más exitosas son las que ponen como prioridad la difusión de su proyecto en redes sociales y, aunque faltan legislaciones adecuadas para medir la inversión hecha en publicidad para estos casos, se ha convertido en una herramienta útil para los proyectos políticos que no tienen el suficiente presupuesto para conseguir espacios televisivos o de radio. De esta manera, el capital financiero de una campaña, aunque sea limitado, puede ofrecer excelentes resultados. En este sentido, echar a andar una campaña exitosa ya no sólo es posible para los ricos y poderosos. Así, hoy es clave para cualquier movimiento político usar las nuevas tecnologías no sólo en campaña, sino también en gobierno. Las administraciones gubernamentales tienen la obligación de comunicar sus resultados y de hacerlo bien, esto puede dar cabida a que un proyecto de continuidad sea viable. Las futuras inversiones en comunicación gubernamental se irán perfilando cada vez más hacia la Internet y específicamente a las redes sociales. Todos los avances legislativos, obras públicas, reformas exitosas y demás acciones de gobierno pueden ser comunicadas por medio de registros visuales que le expliquen de manera sencilla a la ciudadanía las actividades en pro de su comunidad (Cuna-Pérez, 2012).

En el ámbito de la organización ciudadana, las redes sociales también han ofrecido grandes oportunidades para formular proyectos exitosos o iniciativas populares. Un ejemplo de ello ocurrió después del terremoto del 19 de septiembre de 2017 en la Ciudad de México. Ante una notable desorganización del gobierno y la falta evidente de rescatistas y médicos por parte de las instituciones gubernamentales, miles de personas usaron las redes sociales para organizarse y ayudar a las víctimas del desastre. Por medio de Twitter se notificaba en qué colonias de la ciudad se necesitaba apoyo urgente; en Facebook se enviaban noticias e instrucciones de respaldo para ayudar a los damnificados, había toda una estructura articulada espontáneamente donde incluso la gente ofrecía sus casas como viviendas temporales para los afectados después del terremoto. Esto fue realizado en su mayoría por jóvenes, lo que demuestra la capacidad muchas veces subestimada que tiene esa generación utilizando plataformas digitales para organizar y dirigir a las personas.

Los candidatos e institutos políticos que sean capaces de utilizar estas herramientas buscando el interés colectivo, podrán transmitir su mensaje de manera muy exitosa, así que hoy en día la política pública tiene que poner al centro de sus prioridades los avances tecnológicos también en materia de comunicación.

La capacidad de organización que representan las redes sociales también está cambiando la manera en la que los institutos políticos crean su estructura. Antes del auge de las plataformas digitales, a los militantes activos en una ciudad sólo se les dividía por zonas, distritos, colonias y seccionales; se buscaban líderes vecinales que pudieran representar al partido y propagar sus mensajes proselitistas. Bajo esas condiciones, el partido con mayor ventaja era el que tuviera la estructura de personas más grande y mejor repartida a lo largo del territorio. En cambio, hoy en día esas estructuras humanas están perdiendo fuerza de manera notable, pues no marcan la diferencia en una elección como solían hacerlo, ya que las voces de los líderes vecinales o seccionales siempre estarán limitadas a un cierto número de personas con las que puedan comunicarse y a las que puedan convencer de votar por algún candidato; mientras que las redes sociales digitales ofrecen una manera más sencilla y eficiente de hacerlo, pues garantizan una rápida difusión de información que igualmente puede organizarse de forma sectorial o jerarquizada. Existen múltiples herramientas útiles para elaborar una estructura digital exitosa: desde páginas en redes sociales hasta grupos o *hashtags* que difundan un mensaje y creen vínculos de información entre las personas. En otras palabras, conforme pase el tiempo y la brecha que todavía separa a una parte de la población de tener acceso a Internet se vaya haciendo más pequeña, los institutos políticos deberán enfocarse cada vez más en crear estructuras digitales.

Como todo, esta estrategia también tiene puntos débiles que deben ser abordados de manera puntual. Uno de ellos es la burbuja de información que rodea a los usuarios activos de redes sociales, los algoritmos de plataformas como Facebook, analizan las tendencias o gustos del usuario en cuestión y se encargan de llenar su perfil con información que pueda gustarle o interesarle; por lo tanto, si el usuario nunca ha interactuado con publicaciones que tengan que ver con política o ninguno de sus amigos lo ha hecho, hay que buscar otras estrategias sobre como hacer llegar, a través de publicidad, los mensajes proselitistas a esta clase de cuentas.

En relación con lo anterior, es sumamente importante que los mensajes políticos se liguen a temas específicos dependiendo del sector al que se está buscando llegar. Por ejemplo, si un usuario sólo recibe en su perfil información de *rock and roll* y un candidato político organiza una competencia de bandas en su ciudad, entonces las probabilidades de que esta noticia llegue al muro de esa persona son mucho más altas. De esta manera, las burbujas digitales pueden crear puentes entre sí y una vez que están establecidos, los mensajes pueden circular con mayor facilidad y llegar a un público más grande.

El poder de las burbujas digitales que encierran a los usuarios de las redes sociales es tan grande que incluso puede crear percepciones alteradas de la realidad. Pongamos el ejemplo de un individuo conservador con amigos conservadores; si la tendencia de los intereses de este usuario se relaciona con posturas conservadoras, entonces las publicaciones que aparecerán en su *timeline* y en general en sus pantallas estarán orientadas en ese sentido; si sus amigos comparten notas o dan "me gusta" a publicaciones con el mismo tipo de orientación ideológica, se puede decir que esta persona estará encerrada en una *burbuja* que le puede hacer creer que el conservadurismo es apoyado por un gran número de individuos, aunque esto pueda no ser así.

Las nuevas tendencias tecnológicas no sólo están modificando la forma en la que nos organizamos, sino que también están fomentando la desaparición de los medios usados anteriormente, un claro ejemplo de esto es la caída de *rating* televisivo y el incremento de usuarios en plataformas como Netflix, que representa una forma más cómoda de entretenimiento para los consumidores. La sustitución de una tecnología por otra nueva (en este caso, Internet) ha ido aumentando gradualmente; uno de los primeros afectados por este proceso fue la cadena de Blockbuster, la cual rentaba películas en formato vhs y se fue a la quiebra. Tal vez dentro de no mucho tiempo presenciemos la caída de la televisión como medio principal de entretenimiento, hasta ser suplida en su totalidad por las plataformas de entretenimiento en Internet. Otro ejemplo de esta tendencia son los diarios impresos: la mayoría de quienes compran el periódico impreso nacieron en un momento de la historia en el que era la única forma de leerlo, pero las nuevas generaciones interesadas en recibir noticias generalmente se inscriben a algún periódico en línea o simplemente pueden ver las actualizaciones de lo que pasa en su entorno por medio de las redes sociales; por lo tanto, también es probable que en un futuro no muy lejano seamos testigos del surgimiento de Internet como principal medio de noticias, supliendo a los anteriores.

Las redes sociales digitales no sólo han traído consigo cambios importantes en la sociedad, sino que también representan una forma de globalización, pues estas plataformas comunican al mundo de una manera nunca antes vista: personas en continentes separados por miles de kilómetros pueden estar en contacto a diario. Estas plataformas, por lo tanto, también traen consigo la internacionalización de las ideas, pues distintas posturas pueden ser expuestas en la red y replicadas de manera sencilla en distintas ubicaciones del mundo. En algunos casos los pensamientos ahí plasmados pueden hacerse virales y, sin inversiones extravagantes o grandes maquinarias de comunicación, estos llegan a millones de usuarios. Son este tipo de fenómenos los que muestran que la globalización tiene una inercia, una fuerza para conectar al mundo que no podrá ser frenada fácilmente. Sin embargo, el reto para la civilización no se encuentra en esa premisa, sino en que la globalización sea una herramienta para mejorar la calidad de vida y el respeto a los derechos humanos de todas las personas sin distinción alguna (Luengo, 2009; Padilla de la T, 2011; Ávalos-González, 2014).

A pesar de los grandes avances que representa el uso de Internet, no todo es color de rosa, ya que no toda la información que ahí circula es verídica. No son raros los casos en los que la circulación de datos falsos pone a la población en un estado de alerta sobre algún hecho, como un falso atentado o una supuesta enfermedad contagiosa que circula por la ciudad; estas situaciones pueden poner en grave riesgo el orden público. *Fake-news, boots* y redes informáticas sustentadas en información falsa como estrategia para generar confusión de manera premeditada y deliberada. Es importante advertir que la disponibilidad de dispositivos inteligentes *no* garantiza un uso inteligente.

En la actualidad no existen leyes lo suficientemente completas como para crear mecanismos que vigilen la veracidad de las publicaciones en redes sociales, en consecuencia, la información falsa continúa siendo uno de los problemas más grandes que enfrentan las plataformas de interacción social, que puede tener efectos muy profundos como el sabotaje electoral.

Un sinfín de mensajes apócrifos pueden ser esparcidos por las redes sociales para afectar de manera directa la imagen de un candidato político o un jefe de Estado de manera tan grave que, en casos extremos, incluso puede marcar la diferencia en los resultados de una elección. Este tipo de ataques cibernéticos también los pueden realizar líderes empresariales con intereses específicos o gobiernos de otros países que desean posicionar al candidato que más les favorezca en algún puesto público. Ello representa un peligro que definitivamente vulnera la democracia y que no debe de ser subestimado. La creación de herramientas para prevenir, localizar y evidenciar redes de información falsa con fines electorales o de alteración del orden público, debe ser una prioridad para el gobierno. Los legisladores deben buscar que la ley no responda sólo a las necesidades sociales vigentes, sino también a los avances tecnológicos que tarde o temprano afectan de manera positiva o negativa a una comunidad interconectada constantemente.

Existen diferentes avances tecnológicos aplicables en el ámbito de gobierno que pueden tener gran impacto en el grado de eficacia de las administraciones lo suficientemente abiertas para aprovecharlos. Los ejemplos van desde plataformas digitales que faciliten los trámites, hasta estudios probados mediante interacciones digitales para garantizar la correcta implementación de una política pública. A pesar de ello, hay países enteros que se resisten a la idea de innovar sus métodos, tal vez por intereses de fondo. Un ejemplo de lo anterior, es el uso de urnas donde se depositan los votos en papel; este método, funcionó para contar los votos durante décadas; sin embargo, hoy en día representa un desgaste de energía innecesario para las instituciones electorales, sin mencionar que las boletas pueden ser falsificadas, robadas o alteradas en beneficio de algún actor político. Las alternativas tecnológicas como las urnas digitales garantizan el correcto conteo de los votos y una operación mucho más sencilla para los gobiernos durante el proceso electoral. Con los blindajes adecuados contra ataques cibernéticos, esta nueva forma de impulsar la democracia podría proteger a los procesos electorales de grandes intentos de fraude.

En resumen, los avances tecnológicos, que se han desarrollado como nunca en estos últimos tiempos, son de gran relevancia pues tienen una fuerte influencia en la vida social, por ejemplo en prácticas como la comunicación entre las personas y las organizaciones. Lo que ha hecho falta es que los gobiernos abracen la innovación tecnológica y se involucren en los derroteros que ésta vaya tomando, ya que si las administraciones gubernamentales no crean las medidas necesarias para que los principios del bien común sigan vigentes en la medida en que los cambios sociales generados por las nuevas tecnologías se presenten, entonces los avances tecnológicos pueden convertirse en una hoja de doble filo con la capacidad perjudicar, tanto como de aportar al crecimiento de una nación. En México, los avances tecnológicos en general se han visto sometidos a fuertes limitaciones, ya que aquí la tecnología es vista como un gasto y no como una inversión. Esto no porque no se hayan desarrollado grandes ideas innovadoras en el país, sino porque muchas veces dichas ideas carecen de mecanismos de aplicación para la solución de problemas por parte del gobierno. Es por eso que la creación de organismos que se encarguen de impulsar no solo la innovación tecnológica si no también su aplicación, debe de ser parte de la agenda gubernamental. (Palma-Cabrera, 2016; Aguilar-López, 2012).

Capítulo V
Generación libre

*No existe una mejor prueba del progreso
de una civilización que la del progreso de la cooperación.*

John Stuart Mill

Con el pasar del tiempo y conforme las tecnologías nos brindan la oportunidad de tener una sociedad más educada, informada y consciente, se pueden observar los grandes cambios generacionales que representan los *millenials* o la generación z. La disminución del analfabetismo, la promoción de la protección de los derechos humanos, la concientización sobre el cuidado del medio ambiente y otros discursos que han influido de manera directa en la vida de muchos de estos jóvenes, los hacen ser más conscientes de lo que pasa en el mundo.

No olvidemos que la realidad se construye a partir de nuestra percepción, por lo que si nuestra forma de percibir la vida cambia, nuestra realidad también entra en un esquema distinto. Esta nueva realidad en la que viven muchos jóvenes a nivel mundial es cada vez más abierta, más respetuosa y por lo tanto cada vez más libre.

Algunas personas se quejan del exceso de sensibilidad de los jóvenes respecto a algunos temas, cuando en realidad ello es resultado de años de avances y luchas por crear seres humanos más capaces para convivir los unos con los otros y ser parte de una sociedad propositiva y más justa. El cambio de sensibilidad debe de ser continuo e ininterrumpido (Ortega-Villa, 2016; Acosta-Silva, 2009).

Los jóvenes que hoy representan el relevo generacional también deben aspirar a ser cuestionados por las futuras generaciones, a desaprender lo que se puede mejorar y reconstruir lo que un día pensamos que era la verdad absoluta. Mientras más educadas y conscientes sean las nuevas generaciones, con mayor facilidad se luchará por intereses colectivos. Los jóvenes que cada vez cuentan con mayor preparación son quienes afinan las formas antes creadas para la convivencia social.

Así, nuestra época no sólo se caracteriza por una marcada evolución tecnológica sino también por una inmensa evolución social. En muchos países ya no se busca al político de traje y corbata que sepa dar comunicados con una perspectiva técnica (tecnócratas) pero sin un solo toque de empatía o humanidad. Al ser una sociedad más consciente, también se aspira a tener gobernantes con mayor consciencia, cercanía y humanidad.

En un mundo donde la pobreza se encuentra a la vuelta de la esquina, un político acaudalado y adoctrinado no representa los intereses de gente que a veces no tiene nada. Existe un proceso de ciudadanización que están viviendo muchos funcionarios públicos, los perfiles políticos cambian y se adaptan. Hoy en día las personas buscan un representante que no responda desde el clasismo ni desde los prejuicios sociales, que pueda velar por los derechos de todas y de todos por igual y, en consecuencia, que tome las mejores decisiones en beneficio de la ciudadanía a la que representa.

Las nuevas generaciones ya no se entienden con regímenes que no escuchan y que son ajenos a los problemas diarios que vive la población. Es este rechazo a las prácticas políticas tradicionales el que hace que los jóvenes también abandonen viejas concepciones ideológicas que, a pesar de su antigüedad, no han rendido los frutos necesarios para garantizar un correcto combate a la desigualdad. En consecuencia, las corrientes de izquierda y de derecha pronto se irán desdibujando hasta transformarse en nuevas formas de pensamiento marcadas por la conciencia de las nuevas condiciones de la humanidad, la cual no sólo ha sido modificada por la educación sino también por la globalización.

La globalización ha conectado a una cantidad enorme de países permitiendo que sus nuevas generaciones sean más empáticas que en el pasado, en particular respecto a las situaciones difíciles por las que atraviesan las personas y los grupos sociales en otros lugares del mundo.

Esta expansión de la empatía ha hecho que el mundo se una en los tiempos difíciles, porque a pesar de las diferencias culturales, los retrocesos sociales o el racismo, la población global cada día entiende mejor la necesidad de trabajar los unos con los otros. Específicamente, cuando se trata de desastres naturales la ayuda ya no sólo es enviada por países aliados o solidarios, sino también por la sociedad civil organizada que encuentra la manera de capitalizar su apoyo y enviarlo a la nación que lo necesite.

El pensamiento resiliente y la conexión invisible con los demás aunque estén lejos, también es esperanza. Estas formas de apoyo no sólo se limitan a los desastres naturales y/o emergencias epidemiológicas o masivas. Diversas plataformas digitales también han unido a las generaciones de todo el mundo para luchar en contra de legislaciones injustas o medidas gubernamentales que vulneran los derechos humanos, ya sea por medio de firmas, protestas o bloqueos.

Cada día es más común observar movimientos que apoyan causas internacionales, esto confirma la idea de que cuando se comparten sueños y metas, las fronteras ya no son un obstáculo que condicione nuestra unidad para afrontar problemáticas importantes. Al contrario, esas barreras invisibles creadas por el hombre sirven para nutrir los pensamientos colectivos dando la oportunidad a que la pluralidad de ideas sea parte de nuestra vida cotidiana.

En México, las nuevas formas de política han surgido muy ligadas al descontento social que existe en torno al Gobierno; queda claro que los mejores aliados para combatir la apatía política en las mentes jóvenes han sido las administraciones que han perpetrado grandes despilfarros, fraudes y abusos de autoridad. Estas acciones hacen que la indignación crezca acompañada de esperanza que legitima la búsqueda de nuevas formas de dirigir colectivamente a una sociedad cambiante y lo suficientemente fuerte como para luchar contra los regímenes corruptos y establecer gobiernos más justos. La esperanza nos garantiza algo: siempre habrá hombres y mujeres valientes dispuestos a enfrentarse a los sistemas viciados con la aspiración de tener un mundo más libre, más equitativo y más justo.

Epílogo

Sólo cabe progresar cuando se piensa en grande,
sólo es posible avanzar cuando se mira lejos.
José Ortega y Gasset

Como reflexión final, podemos concluir que en un mundo con las problemáticas de una sociedad cambiante, la innovación y la generación de nuevas estrategias para su pronta solución son vitales. Se debe aspirar a desarrollar los avances logrados por el hombre, pero también a contrarrestar y erradicar los daños colaterales que han provocado los mecanismos que no han sido perfeccionados por completo.

Es de suma importancia que, para lograr estas metas, el gobierno se atreva a abandonar una concepción de pensamiento ideológico bidireccional e inoperante y se encargue de aplicar acciones basadas en la funcionalidad, el desarrollo y la eficacia. Es necesario que la población también exija estos cambios y promueva nuevas formas de pensamiento basadas en la solución de problemáticas actuales como el hambre, la desigualdad y la violencia que hoy representan un reto latente para las instituciones. Las claves para resolver dichos retos serán el balance adecuado y la transversalidad entre las geometrías políticas ya existentes, además de la inclusión de nuevas formas de pensamiento que resuelvan los obstáculos que las ideas tradicionales no han podido manejar.

La innovación, los avances tecnológicos y la interconexión entre las naciones serán factores esenciales para presentar alternativas que abonen a la redistribución de la riqueza de forma horizontal, lo que implicará la corresponsabilidad entre los países que acepten la importancia de este reto y que estén conscientes de los impactos negativos que genera en el desarrollo de la sociedad el hecho de ignorarlo.

El sistema político tiene que aprender a evolucionar de la mano con las prácticas sociales y los progresos tecnológicos, para que de esta manera el ordenamiento jurídico nunca sea rebasado por situaciones predecibles. No hay que olvidar que el poder nunca será perfecto, pero por justicia siempre debe aspirar a serlo. El presente debe contextualizarse y el futuro debe crearse.

Uno de los grandes catalizadores rumbo a una mejor realidad será la nueva generación de mujeres y hombres que ya no se sienten representados por los esquemas tradicionales, generación que debe tener la valentía para proponer y abanderar nuevas causas que nos lleven a mejorar la calidad de vida y garantizar los derechos humanos en todo el mundo.

Máximas sobre innovación, desigualdad y justicia

La creatividad requiere tener el valor de desprenderse de las certezas.

Erich Fromm

No puede conseguirse ningún progreso verdadero con el ideal de facilitar las cosas.

Hermann Keyserling

La forma más elevada de inteligencia consiste en pensar de manera creativa.

K. Robinson

La pobreza no es natural, es creada por el hombre y puede superarse y erradicarse mediante acciones de los seres humanos. Y erradicar la pobreza no es un acto de caridad, es un acto de justicia.

Nelson Mandela

La injusticia en cualquier parte es una amenaza a la justicia en todas partes.

Martin Luther King, Jr.

El valor de la innovación no está en evitar que te copien, sino en conseguir que todos te quieran copiar.

Enrique Dans

La humanidad progresa. Hoy solamente quema mis libros; siglos atrás me hubieran quemado a mí.
Sigmund Freud

No me duelen los actos de la gente mala, me duele la indiferencia de la buena.
Martin Luther King, Jr.

La paz y la justicia son dos caras de la misma moneda.
Dwight D. Eisenhower

El progreso y el desarrollo son imposibles si uno sigue haciendo las cosas tal como siempre las ha hecho.
Wayne W. Dyer

La innovación es lo que distingue a un líder de los demás.
Steve Jobs

La pobreza no la crea la gente pobre. Ésta es producto del sistema que hemos creado, por ende hay que cambiar los modelos y conceptos rígidos de nuestra sociedad.
Muhammad Yunus

Cambiar de respuesta es evolución. Cambiar de pregunta es revolución.
Jorge Wagensberg

El progreso no es un accidente, es una necesidad, una parte de la naturaleza.
Herbert Spencer

El desequilibrio entre los ricos y los pobres es la enfermedad más antigua y más grave de todas las repúblicas.

Plutarco

La justicia no será servida hasta que aquellos que no están afectados estén tan indignados como los que lo están.

Benjamin Franklin

No habrá paz en la tierra mientras perduren la opresión de los pueblos, las injusticias y los desequilibrios económicos que todavía existen.

Papa Juan Pablo II

La justicia es incidental a la ley y al orden.

J. Edgar Hoover

Con el petróleo ocurre, como ocurre con el café o con la carne, que los países ricos ganan mucho más por tomarse el trabajo de consumirlo, que los países pobres por producirlo.

Eduardo Galeano

Tú mismo debes ser el cambio que quieres ver en el mundo.

Gandhi

Las leyes son semejantes a las telas de araña; detienen a lo débil y ligero y son deshechas por lo fuerte y poderoso.

Solón

No es posible resolver los problemas de hoy con las soluciones de ayer.

Roger Van Oech

En su mejor momento, el hombre es el más noble de todos los animales; separado del derecho y la justicia es el peor.

Aristóteles

No he fracasado. He encontrado 10 mil formas que no funcionan.

Thomas Edison

La desigualdad es la causa y la consecuencia del fracaso del sistema político, y contribuye a la inestabilidad de nuestro sistema económico, lo que a su vez contribuye a aumentar la desigualdad.

Joseph Stiglitz

La desigualdad es el origen de todos los movimientos locales.

Leonardo Da Vinci

No puedo entender por qué la gente está asustada por las nuevas ideas. Yo lo estoy de las viejas.

John Cage

Todo progreso está basado en el deseo universal e innato por parte de cada organismo de vivir por encima de sus posibilidades.

Samuel Butler

Es cierto, en cualquier caso, que la ignorancia aliada con el poder, es el enemigo más fiero que la justicia puede tener.

James A. Baldwin

La justicia no puede ser sólo para un lado, debe ser para ambos.

Eleanor Roosevelt

*La desigualdad que ahora existe ha sido
introducida por las leyes civiles.*

Thomas Hobbes

*El éxito consiste en ir de fracaso en fracaso sin
desesperarse.*

Winston Churchill

*El arco del universo moral es largo, pero se dobla
hacia la justicia.*

Martin Luther King, Jr.

*Una corazonada es la creatividad que está
tratando de decir algo.*

Frank Capra

*Para los iguales igualdad, para los desiguales,
desigualdad.*

Friedrich Wilhelm Nietzsche

*El hombre razonable se adapta al mundo;
el irrazonable intenta adaptar el mundo a sí
mismo. Así pues, el progreso depende del hombre
irrazonable.*

George Bernard Shaw

*Creo que el primer deber de la sociedad es la
justicia.*

Alexander Hamilton

*Todas las épocas decadentes son subjetivas y por
contra todas las épocas de progreso son objetivas.*

Goethe

*La desigualdad económica exacerba los
problemas.*

Tony Judt

*La justicia sin fuerza es impotente; la fuerza sin
justicia es tiránica.*

Blaise Pascal

*No importa lo rico que sea un país, sino lo
desigual que sea.*

Tony Judt

*Muchos que se adelantaron a su tiempo tuvieron
que esperarlo en sitios poco cómodos.*

Stanislaw Lec

*Si tiemblas de indignación ante toda injusticia,
entonces eres mi compañero.*

Ernesto Guevara

*No tiene sentido decir que los hombres son iguales
ante la ley, cuando es la ley mantenedora de su
desigualdad.*

Ramiro de Maeztu

*El conocimiento sin justicia debería llamarse
astucia en lugar de sabiduría.*

Platón

Bibliografía

Acosta Silva, A. (2009). La política en México: Ideas, anteojos y cristales. *Andamios*, 6(11): 101-126.

Aguilar, J. (2013). La participación de los jóvenes como candidatos al Poder Legislativo en el proceso electoral de 2012. *Polis*, 9(2): 79-111.

Arellano Ríos, A. (2015). La ciencia política en el estado de Jalisco: Un balance de su institucionalización. *Estud. Polít. (Méx.)*, núm. 34, pp. 139-165.

Ávalos, J. M. (2014). Disidencias juveniles y medios digitales en México: ¿Una coyuntura con elementos de futuro para la participación política? *Argumentos (Méx.)*, 27(75): 147-170.

Ball, T., Farr, J., y Hanson, R. L. (1999). *Political innovation, a conceptual change*. Cambridge: Cambridge University Press/Digital printing.

Barrientos del Monte, F. (2013). La ciencia política en América Latina: Una breve introducción histórica. *Convergencia*, 20(61): 105-133.

Boscán Carrasquero, G. (2010). La modelización formal en la ciencia política: Usos, posibilidades y limitaciones. *Polít. Gob*, 17(1): 127-167.

Bueno, E., Salmador, Mª Paz, y Merino, C. (2008). Génesis, concepto y desarrollo del capital intelectual en la economía del conocimiento: Una reflexión sobre el modelo *intellectus* y sus aplicaciones. *Estudios de Economía Aplicada*, 26(2): 43-64.

Christensen, C. (1999). *El dilema de los innovadores*. Buenos Aires: Granica

Cruz, E. (2016). Young Immigrants' Association and the Future Latino Leadership in the U. S.: Dreamers' Social

Capital and Political Engagement. *Norteamérica*, 11(2): 165-191.

Cuna, E. (2012). Apoyo a la democracia en jóvenes estudiantes de la ciudad de México: Estudio sobre el desencanto ciudadano juvenil con las instituciones de la democracia mexicana. *Polis*, 8(2): 107-151.

Dallanegra Pedraza, L. (2008). Tendencias políticas en América Latina en el contexto mundial del siglo XXI: Hacia una teoría política realista-sistémica-estructural sobre América Latina. *Espiral*, 15(43): 79-121. Guadalajara.

Espinar-Ruiz, E., y González-Río, M. (2015). Uso de Internet y prácticas políticas de los jóvenes españoles. *Convergencia*, 22(69): 13-38.

Gift, K., y Gift, T. (2015). Does Politics Influence Hiring? Evidence from a Randomized Experiment. *Political Behavior*, 37(3): 653-675.

Gift, T., y Kromaric, D. (2015). Who Democratizes? Western-educated Leaders and Regime Transitions. *Journal of Conflict Resolution*, 61(3): 671-701.

Gift, T., y Wibbels, E. (2014). Reading, Writing, and the Regrettable Status of Education Research in Comparative Politics. *Annual Review of Political Science*, 17(1): 291-312.

Gilbert M. (2006) *Kristallnacht: Prelude to destruction*. Harper. U.S.A.

Griggs, D., Stafford-Smith, M., Gaffney, O., *et al.* (2013). Policy: Sustainable development goals for people and planet. *Nature*, núm. 495, pp. 305-307. https://doi.org/10.1177/0022002715590878

Jung, C. (1970). *Arquetipos e inconsciente colectivo*. España: Paidos

Klaric, J. (2012). *Estamos ciegos*. Lima: Planeta.

Leyva Cordero, O., Muñiz, C., y Flores, M. (2016). La conformación de actitudes políticas de los jóvenes universitarios en el contexto preelectoral 2015 en Nuevo León. *Rev. Mex. Opinión Pública*, núm. 21, dic., pp. 51-70.

Luengo, O. G., y Maurer, M. (2009). A Virtuous Circle for All? Media Exposure and Political Trust in Europe. *CONfines Relacion. Internaci. Ciencia Política*, 5(9): 39-48.

Oesch, D., y Rodríguez, D. (2011). Upgrading or polarization? Occupational change in Britain, Germany, Spain and Switzerland, 1990-2008. *Socio-Economic Review*, 9(3): 503-531. https://doi.org/10.1093/ser/mwq029

Ortega Villa, L., *et al.* (2016). Rasgos socioculturales de los jóvenes en México: Bienestar, cultura y política. *Estud. Soc.*, 24-25(47): 282-309.

Padilla, M. (2014). Ciudadanía política en la red: Análisis de las prácticas políticas entre jóvenes universitarios. *Comun. Soc*, núm. 21, pp. 71-100.

Padilla, M., y Flores, D. (2011). El estudio de las prácticas políticas de los jóvenes en Internet. *Comun. Soc*, núm. 15, pp. 101-122.

Palma Cabrera, E. (2016). Acortando la brecha de género: Un análisis de los perfiles de las diputadas en México de las LXI y LXII legislaturas. *Estud. Polít. (Méx.)*, núm. 38, pp. 57-88.

Ritzer, G. (1996). *La McDonalización de la sociedad*. Barcelona: Ariel.

Rivera, M., y Salazar-Elena, R. (2011). El estado de la ciencia política en México: Un retrato empírico. *Polít. Gob*, 18(1): 73-108.

Rodrik, D. (2006). Goodbye Washington Consensus, Hello Washington Confusion? A Review of the World Bank's Economic Growth in the 1990s: Learning from a Decade of Reforms. *Journal of Economic Literature*, núm. 44, pp. 973-987.

Rottenbacher, J. M., y Schmitz, M. (2012). Democracia *versus* neoliberalismo económico. Condicionantes ideológicos de las preferencias políticas y económicas en la ciudad de Lima. *Rev. Mex. Cienc. Polít. Soc*, 57(214): 111-140.

Soto Pineda, J. (2016). Obsolescencia programada y defensa de la libre competencia: El indicio de colusión y la creación de barreras de entrada al mercado. *SSRN.*

https://ssrn.com/abstract=2951379 o http://dx.doi.org/10.2139/ssrn.2951379

Suárez-Iñiguez, E. (2014). El largo camino hacia la autonomía y la institucionalización de la ciencia política, en México y en el mundo. *Estud. Polít. (Méx.)*, núm. 31, pp. 165-183.

Torres Espinosa, E. (2005). La democracia: Hacia una obligada redefinición. *Bol. Mex. Der. Comp.*, 38(114): 1187-1211.

Vidal de la Rosa, G. (2011a). Equidad y democracia: Comentarios teórico-metodológicos. *Argumentos (Méx.)*, 24(65): 109-133.

——. (2011b). Las desventajas de la desorganización: La ciencia política mexicana en su encrucijada. *Estud. Polít. (Méx.)*, núm. 22, pp. 155-171.

Villanueva, T., e Ito, M. (2016). La participación política de jóvenes desde los marcos de significación. Una propuesta metodológica. *Polis*, 12(2): 111-139.

Wheeler, B., y Hunt, A. (2016, 24 de junio). The UK's EU Referendum: All You Need to Know. *BBC News*. http://www.bbc.com/news/uk-politics-32810887

Zamitiz Gamboa, H. (2016). La filosofía política, componente fundamental de la ciencia política: Significados, relaciones y retos en el siglo XXI. *Estud. Polít. (Méx.)*, núm. 38, pp. 11-36.

Acerca del autor

Rodrigo Ramos-Enríquez, cursa actualmente la licenciatura en derecho por el ITESO, Universidad Jesuita de Guadalajara y tiene en su formación académica una activa participación curricular y extracurricular en diferentes escenarios. Rodrigo cuenta con un diplomado en políticas públicas por la Universidad de Guadalajara (Instituto de Investigación en Políticas Públicas y Gobierno) así como con un curso multicultural en el Instituto GLS (Sprachschule) en Berlín, Alemania. Su visión proactiva y global en la temática de la gobernanza, políticas públicas y política económica, se sustenta en sus experiencias internacionales en ciencia y ciencia política, como el haber obtenido el 1er lugar en la Feria Nacional de Ciencia (MILSET), distinción que le dio el pase para participar en la 5th International Research School (IRS) en Moscow, Rusia (2012), también culminó el certificate course en política económica y globalización por la Universidad de Harvard en Cambridge, Massachusetts (2017). Postula un liderazgo juvenil desde una perspectiva pragmática y vinculante con los retos sociales vigentes,   a través del empoderamiento en los espacios de participación ciudadana. Fundador y ex presidente de la Asociación Estudiantil de Jalisco A.C. (AEJAL) orientada a la creación de proyectos sociales y altruistas desarrollados por jóvenes universitarios. Es presidente del colectivo Fuera de Línea, agrupación que busca combatir la apatía política en las nuevas generaciones por medio de la interlocución critica y abierta con actores políticos y lideres sociales. Actualmente es Subdelegado estatal de la agrupación política Jóvenes en Movimiento Jalisco donde ha impulsado la idea de que los jóvenes representan esa transformación que se busca en la agenda pública. En este su "liber primus" busca contribuir en la sensibilización de las nuevas generaciones sobre los derroteros en la forma de hacer política bajo la premisa de hacerlo colectivamente y en servicio a la sociedad.

Los entramados de la gobernanza
Un ensayo sobre política, innovación
y su impacto económico-social
se terminó de imprimir en mayo de 2018

www.edicionesdelanoche.com